Daniela Martins
& Céline de Sousa

Cuisiner en famille, c'est que du bonheur ou pas !

60 recettes pour toutes les occasions

SOLAR

Quand Daniela s'essaie en cuisine...

« C'est bientôt l'heure du dîner, je n'ai plus rien dans mes placards et les petits n'arrêtent pas de répéter : « Qu'est-ce qu'on mange ? » Help, Céline, j'ai besoin de toi !

« Ne t'inquiète pas, je suis là ! Dans 10 minutes, les enfants arrêteront de crier : « J'ai faim ! »

Si tu me connais, tu es sans doute étonnée de me voir écrire un livre de recettes. Oh, je peux presque deviner ton petit sourire moqueur à propos de mes talents de cuisinière... Je te rassure tout de suite, sache que je n'ai écrit aucune recette. Sinon ce livre ferait 3 pages et tu l'aurais payé 50 centimes... pour l'encouragement ! En revanche, si tu es en train de me lire, c'est que toi aussi, tu galères parfois (souvent ?) avec les repas en famille. Tu en as marre de cuisiner des pâtes ? Ta (bonne) conscience te susurre : « Bon, ça fait trois jours que tu fais des coquillettes et des patates, faudrait peut-être que tu penses à varier ? » Tu sais, cette petite voix qui te fait culpabiliser un peu... beaucoup ! La voix de ces mères parfaites des réseaux sociaux – on dirait qu'elles ont toutes fait une école de cuisine, sérieux ! Sans parler de la pression du fameux « 5 fruits et légumes », tu connais ? Bon, les compotes de pomme, ça en fait 1 ; les tomates cerises, ça en fait 2 ; il en manque 3 ! Désolée, mais ce n'est pas moi qui vais t'aider... C'est pour cette raison que j'ai fait appel aux talents d'une super-cheffe. Je laisse la parole à Céline.

« Daniela, le plaisir de cuisiner, cela se transmet dès le plus jeune âge ! J'ai eu la chance d'apprendre avec mes parents et grands-parents qui aimaient beaucoup cuisiner !
Il n'y a pas de parents parfaits ici, seulement des parents qui veulent offrir à leurs enfants des repas sains et équilibrés sans passer 10 ans derrière les fourneaux...
En tant que maman, même si je suis cheffe, quand je rentre le soir, je n'ai pas envie de passer plus de 20 minutes en cuisine. J'ai envie de dédier à mes enfants mon temps libre si précieux. Aujourd'hui, Anna et Leny sont grands, donc la préparation des repas se fait en famille, avec amour et bienveillance.
Dans ce livre, nous allons dédramatiser la cuisine et rendre plus serein le moment du repas. Les recettes sont simples, rapides et gourmandes pour régaler toute la famille !

N'oublie pas : pioche dans nos idées, teste nos astuces et ensuite... fais comme tu peux, ce sera déjà pas mal !

« Daniela a raison : approprie-toi les recettes ! Si tu n'aimes pas le persil, mets du basilic ! Et si tu ne supportes pas le brocoli, remplace-le par du chou-fleur ! N'hésite pas à ajouter tes épices et aromates préférés.

Amuse-toi !

Sommaire

Je les enfume avec mes légumes

SOS fin de placard du dimanche soir

Ni pâtes, ni patates

Voyage, voyage… au bout de la cuisine

Des recettes qui en jettent

Moins de sucre pour mes p'tits choux

S'équiper comme une cheffe... ou pas !

À l'arrivée de Bébé, nul besoin d'investir dans du matériel de compétition ou d'avoir une cuisine de chef pour bien cuisiner. Les robots de type Magimix ou Thermomix ne sont pas indispensables, même s'ils peuvent parfois être d'une grande aide.

Ta check-list indispensable

☐ **1 planche à découper**

pour la préparation des légumes, viandes ou poissons

☐ **1 set de couteaux**

couteau éminceur, couteau d'office, éplucheur ou rasoir à légumes, fusil pour les affûter

“ Ça commence bien… J'ai deux couteaux qui se battent en duel, qui n'ont jamais été affûtés en 10 ans, et un couteau à beurre ! C'est grave, cheffe ?

« Petite astuce, ma Daniela : va chez ton boucher avec tes couteaux et demande-lui avec un grand sourire de te les affûter !

☐ **2 ou 3 casseroles de tailles différentes**

pour adapter le contenant à la taille du produit

☐ **1 ou 2 poêles de tailles différentes**

pour adapter le contenant à la taille du produit, mais aussi pour lancer plusieurs cuissons en même temps

“ Crois-moi, c'est possible de gérer plusieurs poêles !

☐ **1 marmite**

pour les soupes ou les ragoûts

“ Je croyais que les casseroles et les marmites, c'était la même chose, moi…

« Daniela, c'est juste une question de taille ! ;-)

☐ **1 mixeur ou un blender**

pour mixer les soupes et les purées

“ Je te déconseille d'essayer à la main ou à la fourchette, même si tes enfants le font très bien avec la pâte à modeler.

☐ **1 maryse**

“ Maryse, c'est pas une vieille tante, mais une spatule qui racle bien les saladiers et les plats pour ne rien laisser sur les parois... bien que je ne doute pas que ta vieille tante Maryse racle aussi bien les fonds de gamelle.

☐ **1 fouet**

“ T'es sûre ? On s'éloigne pas un peu du thème, là ?

« C'est vrai que la vieille tante Maryse avec un fouet, ça peut être drôle !

☐ **1 louche, 1 passoire, quelques saladiers de tailles différentes, des boîtes hermétiques pour ranger les aliments**

“ Les Tupperware, c'est comme les chaussettes des gamins : au départ, tout est bien beau, rangé comme il faut, et au bout de 3 mois, c'est le bordel, tu ne retrouves plus que la moitié des couvercles. C'est bon, on est OK ?

« On est OK !

☐ **1 cuit vapeur**

pas indispensable, mais utile pour gagner de la place sur ta gazinière !

Les astuces pour les mini-chefs

Lorsque les enfants sont grands et que tu veux les faire participer à la préparation des repas, prévois :

- **un marchepied** pour qu'ils soient à la hauteur de ton plan de travail ou de ta table ;
- **un petit tablier** ;
- **et augmente simplement la quantité de poêles et de casseroles**, ou changes-en la taille si tu as une famille nombreuse.

“ Donne-leur le couteau à beurre ! Parce que, clairement, on n'a pas envie de se retrouver avec des mini-Knacki® dans les plats !

Du frais, du sain pour mes bambins

Cuisiner pour toute la famille, c'est top, mais il faut le faire bien ! Voici quelques astuces de CHEFFE pour bien choisir tes produits !

Des produits de saison

Bien s'alimenter, c'est respecter la planète et les produits qu'elle nous offre à chaque saison. Ne cuisine pas de tomates ou de fraises en plein hiver !

“ Si j'ai bien compris, moi qui sers des tomates cerises à quasi tous les repas pour atteindre le quota de 5 fruits et légumes, je suis dans la m… mouise ! Ou je les congèle et je les leur file en glace ? Ça marche aussi, Céline ?

« Ma Daniela, sucer des glaçons de tomate, ça n'a aucun intérêt et ça peut surtout être dangereux car les tomates congelées, toutes dures, peuvent obstruer les voies respiratoires !

“ Ça vaaaaa, c'est pas des vraies tomates, c'est des tomates cerises, ça compte pas… si ?

« Si ça compte ! Et pour plus de goût, cuisine des produits de saison et de préférence en circuit court, bio ou pas, cela dépendra de tes convictions !

“ Et de tes moyens aussi, parce que le bio, ça reste plus cher. Mais bon, ça, c'est autre chose et faudrait qu'on écrive un deuxième livre à ce propos. Bref, continuons !

« Pour ça, va au marché si tu as le temps. Tu y trouveras des produits de saison et parfois locaux…

“ Super-astuce, parce qu'on peut y trouver du bio moins cher qu'en supermarché.

Les surgelés à la rescousse

« Si tu as une folle envie de framboises ou de courgettes en plein hiver, achète-les surgelées mais ne les sers pas telles quelles ! Comme les tomates cerises ! Ces produits sont cueillis à maturité, nettoyés et surgelés immédiatement après la cueillette !

“ Très intéressant. Du coup, plutôt des légumes en boîte ou plutôt surgelés ?

« Plutôt surgelés, puisque les produits sont cueillis pendant la bonne saison et que leur moyen de préparation leur permet de garder plus de vitamines et de minéraux. La méthode de stérilisation des boîtes de conserve élimine tout de même un quart des vitamines du produit. La plus sensible à ce traitement est la vitamine C : sa quantité baisse considérablement dans les boîtes de conserve. Les minéraux partent aussi parfois dans l'eau de conservation des produits en boîte. Cependant, il vaut mieux consommer des fruits et des légumes en conserve que ne pas en manger du tout. Pense juste à bien les rincer pour éliminer le sel. Moi, j'achète mon ail, mes oignons et mes échalotes coupés et surgelés ! Je gagne ainsi du temps et j'évite d'avoir des produits qui pourrissent parce que je ne les ai pas utilisés assez vite…

“ Tu gagnes du temps et surtout tu ne pleures pas. J'ai testé le masque de plongée, la cuillère dans la bouche, dans la bouche j'ai dit ! Et aussi l'allumette allumée entre les dents, bah ça marche pas !

Je suis enceinte ! Qu'est-ce que je mange ?

L'alimentation de la femme enceinte est parfois synonyme de restrictions, cependant l'objectif est le même que pour tout le monde : manger de tout en adaptant les quantités en fonction de son appétit.

Une question d'équilibre

De manière générale, il est important de manger sainement et équilibré, mais c'est encore plus vrai pendant la grossesse.

« Va dire ça à mes hormones : enceinte, je pouvais dégommer un paquet de biscuits devant la télévision.

« Fais-toi plaisir de temps en temps, mais essaie d'écouter ta tête plutôt que ton estomac… Rattrape-toi sur la semaine !

Pendant la grossesse, la future maman peut parfois être un peu stressée, car elle ne sait pas quoi et comment manger.

« Oh ! ces fameuses listes à rallonge sur les aliments à éviter… Faut un bac + 3 en science fromagère, un BTS laitue et un CAP cordonnier viandes bien cuites et semelles à point pour savoir ce que t'as le droit de dégommer !

Les vitamines et minéraux pour une grossesse au top

☐ L'acide folique ou vitamine B_9

est présent dans les légumes tels que les épinards, le cresson, les légumes secs (pois chiches...), les oléagineux (amandes, noix, châtaignes), les produits laitiers (brie, bleu, chèvre...).

☐ Le calcium

est indispensable au développement des os et de la future dentition de ton bébé. Il figure dans les produits laitiers, mais aussi dans les produits de la mer comme les sardines à l'huile, les crevettes, le saumon ou les anchois, dans les légumes comme le brocoli, le poireau, le chou frisé, le fenouil, dans les oléagineux et les graines telles que les amandes, les noix, le pavot, le sésame ou encore dans les eaux minérales riches en calcium.

« Dans le brocoli, c'est bien vrai ?

« Oui, surtout le brocoli !

☐ Le fer

sert à la production d'hémoglobine. Il se trouve dans les abats comme le foie de volaille, le boudin, qui doivent être consommés bien cuits pour éviter tout risque de toxoplasmose, mais aussi dans la viande et le poisson comme les sardines et le hareng.

« Donc pas la peine de manger les clés de la maison, les poignées de porte et les bijoux en toc de nos ex ? On peut vraiment trouver du fer dans des trucs plus digestes ?

Dans les légumes secs comme les lentilles, les pois chiches, les céréales et les graines comme le quinoa, le sésame, dans le son de blé dont tu peux parsemer une salade ou un yaourt, ou bien encore la spiruline qui est une algue aux nombreuses vertus...

Toxoplasmose et listériose : les deux ennemis de la femme enceinte

Pour éviter ces maladies qui peuvent avoir de graves conséquences sur ton bébé...

☐ **Lave bien tes fruits et tes légumes à l'eau et au vinaigre.**

« Oups, je me suis arrêtée à l'eau, moi. Le retour du : « Faites ce que je dis, pas ce que je fais, les filles ! »

☐ **Ne consomme pas de viande ou de poisson cru, fumé ou salé**

et si jamais tu as envie de sushis ou de carpaccio, il faut congeler les produits à – 21 °C pendant plusieurs jours avant de les consommer.

☐ **Mange de la viande bien cuite à cœur**

car les parasites sont détruits après la cuisson et, quand tu vas au restaurant, mange des plats plutôt que des salades, car tu ne connais pas les conditions d'hygiène, mieux vaut être prudente !

☐ **Fuis les fromages au lait cru**

et préfère les produits laitiers pasteurisés UHT.

« Ça y est, la fameuse liste de fromages. Imagine, t'es au restaurant :
« Excusez-moi, il y a du fromage dedans ?
— Non, de la crème fraîche.
— OK, très bien, pasteurisée ou pas ?

« Ma Daniela, au restaurant, si tu veux te taper une tartiflette au reblochon fermier, tu peux ! Même si le fromage est au lait cru, il est cuit à 200 °C pendant plus de 20 minutes, donc c'est OK !

☐ **Lave-toi systématiquement les mains**

après avoir touché ou manipulé des aliments crus : viande, poisson, légumes.

☐ **Nettoie le plus régulièrement possible ton réfrigérateur**

avec de l'eau de Javel, car la listeria est une bactérie qui résiste au froid et à la congélation.

☐ **Privilégie les produits préemballés et consomme-les dans les 24 heures**

si tu as une petite envie de charcuterie ou de saumon fumé.

« En gros, planque pas une rondelle de cervelas sous ton oreiller pour la boulotter au milieu de la nuit ! Fais-toi plaisir, en limitant les risques, tu en as le droit !

Et pour les mamans qui allaitent ?

Il est important d'adopter une alimentation riche et équilibrée après la grossesse, de boire de l'eau ou des tisanes sans modération ! Certaines, à base de fenouil et d'anis, favorisent la lactation, la digestion et le sommeil.

Quand tu allaites, comme lorsque tu es enceinte, c'est zéro alcool !

« Oui, ça, c'est quand tu allaites ton premier enfant : tu respectes tout à la lettre. Mais au bout du troisième, tu te permets un petit rouge avant la prochaine tétée (attendre 2 heures au minimum). Bon, les filles, calmez-vous, j'ai dit un PETIT verre de rouge, pas la bouteille de vodka ;-)

« Il y a quand même quelques règles à respecter, effectivement !

Il est recommandé d'attendre un minimum de 2 ou 3 heures par consommation avant d'allaiter. Si tu veux picoler à l'occasion ou siroter un apéro, il faut planifier et s'organiser pour préserver Bébé !

- ☐ **Allaite ton bébé avant de prendre le verre.**

- ☐ **Après 1 verre d'alcool, bois 1 verre d'eau et attends 2 ou 3 heures avant d'allaiter à nouveau**

pour t'assurer d'avoir éliminé l'alcool de ton sang.

Bon à savoir

1 verre d'alcool =
- 340 ml de bière à 5 % d'alcool
- 140 ml de vin à 12 % d'alcool
- 45 ml de spiritueux à 40 % d'alcool

Si tu souhaites en consommer plus lors d'une occasion spéciale, il est quand même conseillé de ne pas dépasser 2 verres.
- **Prépare une réserve de lait d'avance** (sans avoir consommé d'alcool) pour pouvoir donner son lait à la demande à ton bébé en toute sécurité.
- **Planifie la prochaine séance d'allaitement :** si tu consommes 1 verre d'alcool en 1 heure, il est conseillé d'attendre environ 3 heures avant d'allaiter ; si tu en consommes 2, il faudra attendre environ 6 heures, etc.
- **Tire ton lait sans le donner au bébé** et jette-le si tu as bu plus de 1 verre.

Des repas équilibrés pour les enfants… et aussi pour leurs parents

Une alimentation variée pour toute la famille

Durant les premiers mois de vie, l'alimentation lactée a une place primordiale pour Bébé. Puis la diversification alimentaire se met en place vers les 4 mois révolus, dès que tu as le *«go»* de ton pédiatre. Au fil des mois, l'introduction de nouveaux aliments se fait petit à petit. C'est comme ça que tu inities Bébé à une alimentation saine et équilibrée comme pour toute la famille.

> Et encore plus quand tu as de super-recettes pour t'accompagner !

Comme une voiture qu'il faut entretenir régulièrement pour éviter qu'elle tombe en panne, une alimentation adaptée apporte tous les nutriments (lipides, glucides, protéines) et les micronutriments (vitamines, minéraux, oligo-éléments) nécessaires au bon fonctionnement de l'organisme. Pour les enfants, elle favorise une bonne croissance staturopondérale ! Et elle évite les éventuelles carences. Chez l'adulte, elle permet à l'organisme de se maintenir en forme.

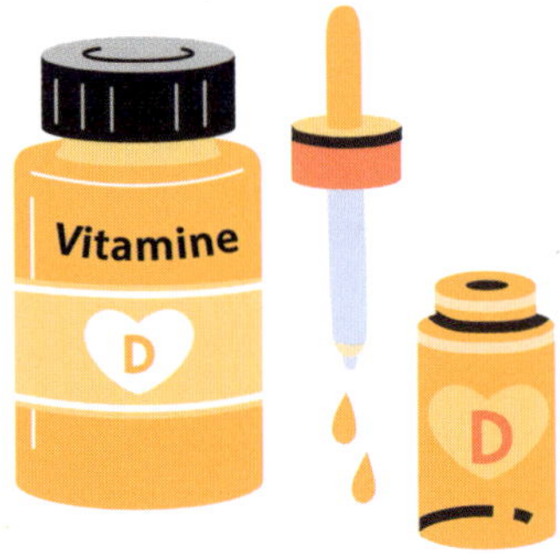

> Et il faut dire que quand tu as des enfants, tu as besoin de garder la forme ! et de limiter les éventuels risques de santé. Quand t'es maman, t'as pas le droit de mourir, t'as même pas le droit d'avoir un rhume !

Les nutriments essentiels de chaque groupe alimentaire

☐ Les produits laitiers

Leur calcium aide à construire le capital osseux lors de la croissance et le préserve durant la vie de l'adulte. Cela limite les fractures et évite la déminéralisation osseuse.

☐ Les fruits et les légumes

Pour faire le plein de vitamines et de minéraux, mais aussi de fibres ! Cuits ou crus, il faut varier les goûts et les saveurs. Ils luttent contre les carences, renforcent le système immunitaire et, grâce à leurs fibres, améliorent la digestion.

☐ La viande, le poisson et les œufs

Ils apportent les protéines nécessaires à l'entretien de la masse musculaire, ce qui permet d'être en forme. Et grâce au fer qu'ils contiennent, ils véhiculent l'oxygène dans l'organisme.

☐ Les féculents

C'est le carburant de l'organisme, tout comme celui dont une voiture a besoin pour avancer ! Sans eux, notre corps manque d'une grande source d'énergie avec un risque d'être inefficace aussi bien physiquement qu'intellectuellement.

☐ Les matières grasses

Ce sont notamment ce qu'on appelle les « graisses d'ajout » comme l'huile, le beurre et la crème fraîche. Elles doivent être apportées quotidiennement en quantité contrôlée.
Un bébé a besoin de gras pour son développement cérébral. Chez l'enfant, l'adolescent et l'adulte, les matières grasses participent au renouvellement des cellules, et certaines protègent le cœur de l'adulte.

☐ L'eau

Boire tout au long de la journée permet de maintenir une bonne hydratation et favorise une bonne circulation sanguine pour que les reins éliminent tous les déchets et toxines.

« Oui, oui, on boit de l'eau, juste de l'eau !

☐ Et pour le plaisir… les produits sucrés !

Ils sont là pour notre gourmandise, mais attention à ne pas trop en consommer. Ils n'ont aucun intérêt nutritionnel, puisqu'ils sont dépourvus d'éléments essentiels pour l'organisme à part de grandes quantités de sucre qui seront stockées si on en abuse…

En résumé

Veille à équilibrer tes menus sur la journée et sur la semaine. Les écarts du week-end se compensent plus tard !

Petit ou grand, c'est le même schéma : tu adaptes en fonction de ton appétit, de celui de ton partenaire et de tes enfants !

Comment je compose concrètement mon assiette ?

L'assiette idéale est constituée de :

- ☐ 1 part de féculents ;
- ☐ 1 part de légumes ;
- ☐ 1 portion de viande, de poisson ou d'œuf, que l'on adapte selon l'âge (15 g à 1 an, 30 g à 3 ans, 100 g à 8 ans, 150 g pour l'adulte) ;
- ☐ 1 produit laitier ;
- ☐ 1 crudité (légume ou fruit).

Varie les matières grasses (avec modération pour la cuisson) et l'assaisonnement.

N'oublie pas que l'équilibre de ton alimentation ne se fait pas sur un seul repas !

Les techniques de batchcooking, ou comment gérer les soirs de flemme !

Parce que la vie de maman est une course permanente, voici quelques astuces pour souffler un peu certains jours.

Le *batchcooking*, quèsaco ?

« Daniela, tu savais que le *batchcooking* nous vient des pays anglo-saxons et que ça veut dire « cuisiner par lots » ? En gros, le *batchcooking*, c'est cuisiner des petits plats à l'avance, sur une demi-journée ou une journée en fonction du niveau ! ;-) Généralement, les personnes qui « *batchcookent* » le font le week-end pour gagner du temps en semaine. Du coup, tu passes moins de temps dans ta cuisine et plus avec les petits !

Avec le *batchcooking*, tu fais aussi des économies parce que tu prévois tes courses et n'achètes que ce dont tu as besoin.

- ☐ Tu manges mieux parce que tu décides de tes menus à l'avance et tu fais en sorte qu'ils soient le plus équilibré possible, et cela sur une semaine !

- ☐ Tu gagnes du temps parce que, dans la semaine, tu n'as plus à gérer le choix du menu du soir, les courses, la préparation du repas… Tu prépares tes menus pour la semaine avec des fruits et légumes de saison, ce qui nous ramène aux deux points vus plus haut : « économie » et « meilleur pour la santé » !

- ☐ Tu peux réutiliser le même légume plusieurs fois en le cuisinant différemment, par exemple de la soupe de courge, un gratin de courge et une tarte à la courge ! Bref… t'as compris, quoi !

- ☐ Et le must du must, quand le soir arrive, tu prends du temps pour toi et ta famille… Tu n'es plus stressée et tu n'as plus qu'à réchauffer tes petits plats cuisinés avec amour…

Les 7 règles d'or pour bien conserver les aliments

- ☐ Tu ne peux pas cuisiner pour le mois ! Déjà parce que certaines recettes ne résisteraient pas... mais aussi parce qu'au niveau gustatif, ça ne serait pas top !

- ☐ Tu cuisines pour la semaine et c'est suffisant ! Les plats se garderont 3 ou 4 jours au réfrigérateur et tu pourras aussi en laisser quelques-uns au congélateur !

- ☐ Si tu t'aperçois qu'une boîte est gonflée ou un opercule bombé, si tu repères des odeurs anormales ou de la moisissure sur un de tes plats, surtout, tu ne le consommes pas !

- ☐ Si tu décides de congeler des plats, veille à adapter tes contenants et à respecter quelques règles pour une hygiène et une conservation optimales.

- ☐ Ne recongèle pas un aliment déjà congelé, sauf s'il était cru et que tu l'as cuit à cœur entre-temps !

- ☐ Même au congélateur, les aliments « périment » : pour préserver leurs qualités nutritionnelles, ne les garde pas plus de 2 mois !

- ☐ Et si tu congèles de la soupe, pense que les liquides, ça gonfle ! Donc, ne remplis pas trop tes contenants...

Le matériel indispensable

Il te faut moult contenants en verre de préférence, qui passent au réfrigérateur mais qui sont adaptés au congélateur, au four et au micro-ondes ! Bien évidemment, de tailles différentes et correspondant au nombre de personnes de ton foyer – et, le plus important, avec les bons couvercles !

Le placard idéal de survie

Voici la liste des produits qu'il faut toujours avoir dans ses placards. Cela permet d'améliorer en un tournemain les recettes de base et d'improviser des plats faciles. Seuls, ces ingrédients ne sont pas top, mais en les mariant, tu peux te régaler ! Une boîte de maïs ou une boîte de thon, séparément, c'est pas alléchant, mais ensemble, avec une petite vinaigrette à l'échalote, ça fait une salade sympa ! Pour dépanner un midi ou un soir !

Dans le « vrai » placard de Daniela, il y a…

- ☐ Boîtes de thon
- ☐ Coulis de tomates
- ☐ Farine
- ☐ Haricots verts en conserve
- ☐ Maïs en conserve
- ☐ Pâtes
- ☐ Petits pois-carottes en conserve
- ☐ Riz
- ☐ Sucre

> Et plein de gâteaux que j'ai pas faits !

Et dans le placard idéal, tu trouveras en plus…

- ☐ Crème liquide
- ☐ Cubes de bouillon
- ☐ Fécule de maïs
- ☐ Haricots verts
  (meilleurs surgelés, comme tous les légumes d'ailleurs)
- ☐ Herbes aromatiques
  (encore mieux si elles sont surgelées)
- ☐ Huile
- ☐ Lentilles
- ☐ Levure
- ☐ Mélanges de céréales (blé, boulgour…)
- ☐ Miel
- ☐ Œufs
- ☐ Sucre vanillé…

Et si les enfants mettaient la main à la pâte… ou pas ?

Pas facile de savoir comment faire participer les minis-chefs à la préparation des repas ! Voici quelques idées d'activités adaptées selon leur âge.

Avant ses 2 ans, ton enfant peut…

- [ ] **Observer les formes, les couleurs et laver**

les légumes dans l'évier (beaucoup d'eau et un peu de vinaigre blanc).

> Top pour qu'ils se familiarisent avec les fruits et légumes !

- [ ] **Sentir les herbes aromatiques et les épices**

et les frictionner dans ses mains pour en faire ressortir l'odeur.

- [ ] **Transvaser**

les morceaux d'un saladier à l'autre en passant par la planche à découper.

> Bien s'alimenter passe par un peu de motricité !

- [ ] **Mélanger**

les aliments dans un bol ou un saladier avec ses mains propres ou avec une cuillère.

- [ ] **Couper**

les aliments mous avec un couteau à bout rond ou les déchirer avec les mains. Un peu de patouille, ça ne fait pas de mal !

> Ils vont se débrouiller comme des chefs !

- [ ] **Étaler du beurre**

avec les doigts dans un plat à tarte ou à gratin.

> Les maniaques transpirent en lisant ça…

- [ ] **Se familiariser avec l'hygiène**

et le lavage des mains, le rangement…

> Mon combat au quotidien : même sans cuisiner, je passe déjà mon temps à leur expliquer que les mains, c'est comme les fesses, ça se lave !

À partir de 2 ans, il est capable de...

- ☐ Remplir les moules (avec de l'aide)
- ☐ Commencer à se familiariser avec les nombres, en comptant les ingrédients proposés
- ☐ Éplucher, épépiner les fruits et légumes ou écaler un œuf
- ☐ Utiliser des emporte-pièces pour façonner des biscuits
- ☐ Casser et clarifier les œufs
- ☐ Mélanger au fouet ou à la cuillère
- ☐ Étaler les pâtes avec la main ou au rouleau
- ☐ Râper, gratter, écosser, écraser les fruits et légumes
- ☐ Utiliser une poche à douille
- ☐ Peser les ingrédients avec une balance
- ☐ Additionner les poids et mesures

Et ce n'est qu'une infime partie de ce qu'ils peuvent faire pour découvrir la cuisine sous un autre angle !

« Avec un peu de chance, ils y prendront goût et, dans quelques années, ils feront à manger pour toute la famille !

« C'est sûr !

Plus ton enfant grandit, plus il pourra t'aider. Veille simplement à toujours être à ses côtés, surtout s'il utilise des appareils électroménagers ou des appareils pour la cuisson.

« Des moments à partager, des instants privilégiés et un gain certain de confiance en soi pour l'enfant qui se responsabilise !

« Exactement !

Maintenant, tu n'as plus d'excuses pour ne pas faire de la cuisine une activité familiale ! Go ! Aux fourneaux en famille... ou pas !

Je les enfume avec mes légumes

Faire manger des légumes aux enfants, c'est LE challenge de tous les parents ! Et je ne parle pas de la sauce tomate dans la pizza, non, non, ça ne compte pas ! Sauf pour notre bonne conscience maternelle. Et hop ! Un légume de coché dans la case « 5 fruits et légumes par jour ».

SOS CÉLINE !
QUELLES SONT TES MEILLEURES
RECETTES POUR QUE
LES ENFANTS RÉCLAMENT
DU RAB DE LÉGUMES ?

Crêpe partie !

Pour 4 personnes (6-8 crêpes) • Préparation : 15 min • Cuisson : 4 min par crêpe

10 g de beurre

2 œufs

200 g de farine tamisée

450 ml de lait

150 g de betteraves cuites (pour la version rouge)

150 g d'épinards cuits (pour la version verte)

150 g de carottes cuites (pour la version orange)

10 g d'huile

Sel

1. Tu vas mélanger tous les ingrédients dans le même saladier, pour ne pas avoir trop de vaisselle à faire. Sauf les légumes cuits : tu les ajouteras quand tu auras divisé la pâte dans 3 bols différents.
2. Fais d'abord fondre le beurre au micro-ondes en mode décongélation, sinon il va exploser !
3. Fouette les œufs dans un saladier. Ajoute 1 pincée de sel. Incorpore la farine et mélange.
4. Ajoute le lait petit à petit. La pâte doit être lisse et homogène, ça veut dire que tous les ingrédients doivent être bien mélangés !
5. Avant de faire la pâte ou maintenant, mixe la betterave, les épinards et la carotte dans des bols séparés (le mieux, c'est d'utiliser un mixeur plongeant ou un robot de type Thermomix pour obtenir une purée bien lisse !). Divise la pâte en 3 parts égales avant d'incorporer ces différentes purées.
6. Fais chauffer un filet d'huile dans une crêpière. Quand elle est bien chaude, verses-y 1 louche de pâte.
7. Fais cuire tes crêpes environ 2 minutes de chaque côté. Continue jusqu'à ce qu'il n'y ait plus de pâte.

LES MINI-CHEFS

Mets-les à contribution pour verser le lait.

NOUS, AU PORTUGAL, ON L'AURAIT FAIT À LA TRUELLE, MAIS BON...

ON DIRAIT DU PORTUGAIS SI ON LE DIT VITE ET À L'ENVERS : « PÂTE DE LOUCHE ! »

L'astuce de la cheffe

Tu peux manger ces crêpes en version salée ou sucrée pour la betterave avec du chocolat et de la chantilly, par exemple... En salé pour les épinards, avec de la feta et du saumon fumé et, pour celles à la carotte, avec du gouda au cumin et une belle tranche de jambon blanc !

Tu peux couper la crêpe en petits bouts ou la proposer roulée à ton bébé à partir de 1 an. Cela dépendra de ses capacités de mastication.

Gaufres courgette-jambon

Pour 4 personnes (6-8 gaufres) • Préparation : 10 min • Repos : 1 h • Cuisson : 3-4 min par gaufre

- 1 belle courgette
- 300 g de farine
- 1 sachet de levure chimique
- 400 ml de lait
- 2 œufs
- 50 g de beurre
- 5 portions de Vache qui rit®
- Sel, poivre

1. Lave et râpe la courgette. Presse-la dans un torchon pour en retirer l'eau au maximum.

2. Mélange la farine, la levure et le lait puis ajoute du poivre, 2 pincées de sel, les œufs, le beurre fondu, la courgette râpée et la Vache qui rit® coupée en morceaux. Fouette bien pour que la préparation soit homogène et laisse reposer 1 heure au frais.

3. Fouette une dernière fois, verse 1 louche de pâte dans ton gaufrier et laisse cuire 3-4 minutes.

4. Tu peux proposer ces gaufres aux enfants en version sucrée avec des bananes et du chocolat fondu pour plus de gourmandise...

POUR UNE FOIS QU'ILS SE PRENNENT UNE GAUFRE QUI FAIT DU BIEN !

L'astuce de la cheffe

Avec de la feta ou de la mozza, c'est aussi délicieux !
... ou en version salée avec quelques rondelles de tomate, 1 œuf au plat et des herbes fraîches !

Tu peux proposer ces gaufres à ton bébé à partir de 1 an, en petits bouts ou en bâtonnets ! Cela dépendra de ses capacités de mastication.

Galettes de légumes aux épices

Pour 4 personnes (6-8 galettes) • Préparation : 10 min • Cuisson : 30 min

- 60 g de quinoa
- 60 g de lentilles corail
- 100 g de pousses d'épinards cuits
- 1 carotte
- 1 oignon
- 2 œufs
- 1 cuil. à soupe de crème fraîche
- 1 pincée de cumin en poudre
- 1 pincée de curry doux
- 4 cuil. à soupe de Maïzena®
- ¼ de bouquet de persil haché
- Sel, poivre

1. Fais cuire le quinoa et les lentilles comme indiqué sur le paquet. Égoutte-les et mets-les de côté.
2. Hache les épinards. Épluche, lave et râpe la carotte et l'oignon.
3. Fais revenir la carotte et l'oignon dans une poêle.
4. Une fois qu'ils sont cuits, ajoute-les au quinoa et aux lentilles, puis incorpore les épinards.
5. Préchauffe ton four à 200 °C (th. 6-7).
6. Casse les œufs dans un saladier avec la crème, les épices, le persil, du sel et du poivre. Ajoute les légumes et le quinoa puis la Maïzena®.
7. Mélange délicatement avec une maryse. Si la préparation est trop liquide, ajoute encore un peu de Maïzena®.
8. Répartis la pâte dans des moules individuels ou fais des petits tas sur une plaque de cuisson en les espaçant bien et enfourne le tout pour 20 à 30 minutes.

UNE PAR UNE ?

LES MINI-CHEFS

Allez, on les laisse casser les œufs !

MAIS C'EST QUI, ELLE ?

L'astuce de la cheffe

Tu peux servir ces petites galettes avec une salade verte et une vinaigrette légèrement citronnée pour apporter un peu de peps à la recette !

Tu peux couper la galette en petits bouts ou la proposer coupée en deux à ton bébé à partir de 1 an, pour une bonne prise en main, si tu pratiques la DME (diversification menée par l'enfant). La taille des morceaux dépendra de ses capacités de mastication.

Croquettes de chou-fleur au parmesan

Pour 4 personnes (10–12 croquettes) • Préparation : 10 min • Cuisson : 20 min

Si on avait jeté et fait revenir la gousse d'ail à la poêle, est-ce qu'on aurait pu dire que c'était *Le Retour du Jedi* ? OK... pardon... continuons !

800 g de chou-fleur

1 gousse d'ail

300 g de lait

80 g de parmesan râpé

70 g de chapelure

2 œufs

1 pincée de noix de muscade en poudre

1. Fais cuire 5 minutes le chou-fleur coupé en bouquets et la gousse d'ail épluchée et dégermée dans de l'eau, puis ajoute le lait.
2. Égoutte-les et écrase-les à la fourchette puis ajoute le parmesan, la chapelure et les œufs. Assaisonne, incorpore la muscade et mélange bien. Forme des croquettes dans tes mains.
3. Préchauffe ton four à 200 °C (th. 6-7).
4. Place les croquettes sur une plaque recouverte de papier sulfurisé et enfourne le tout pour 15 minutes à 180 °C en les retournant à mi-cuisson.

LES MINI-CHEFS

Laisse-les façonner les croquettes si tu n'as pas envie de te salir les mains : eux, ils vont adorer !

TU RIGOLES, MOI JE SUIS DANI CROCKETT ! LA FEMME QUI N'A PEUR DE RIEN ! OK, C'EST UNE RÉFÉRENCE DE YEUV, MAIS ÇA PLAIRA AUX SÉRIEPHILES.

Tu peux proposer ce plat à ton bébé à partir de 8 mois. Il est possible d'écraser les croquettes, de les couper en petits bouts ou de les servir entières pour une bonne prise en main, si tu pratiques la DME. La taille des morceaux dépendra de ses capacités de mastication.

L'astuce de la cheffe

Tu peux servir ces croquettes avec une bonne salade verte et une petite sauce au yaourt bien relevée !

Gnocchis à la patate douce et crème de brocoli

Pour 4 personnes • Préparation : 25 min • Repos : 1 h • Cuisson : 3–4 min

400 g de brocoli

50 g de crème épaisse

400 g de chair de patate douce cuite au four

1 jaune d'œuf

300 g de farine

Sel

1. Fais cuire 10 minutes les bouquets de brocoli à la vapeur puis mixe-les avec la crème et un peu de sel. Une fois mixé, le brocoli doit se transformer en un velouté crémeux. Tu peux ajouter de l'eau de cuisson pour obtenir la texture adéquate si besoin.

2. Mixe la patate douce avec le jaune d'œuf, ajoute la moitié de la farine et malaxe avec les doigts. Une fois que tu as bien mélangé, ajoute le reste de la farine jusqu'à obtenir une pâte homogène et non collante. Il en faut plus ou moins en fonction de l'humidité du légume : si ça colle encore, ajoutes-en un peu pincée par pincée.

3. Façonne des boudins de pâte entre tes doigts.

4. Coupe chaque boudin en petits tronçons.

5. Donne-leur une forme avec le dos d'une fourchette.

6. Laisse les gnocchis 1 petite heure au réfrigérateur avant de les faire cuire.

7. Plonge-les dans un grand volume d'eau salée bouillante et quand ils remontent à la surface, laisse-les cuire encore 2 minutes.

8. Égoutte-les et sers-les immédiatement avec la sauce crémeuse au brocoli que tu auras réchauffée au préalable.

POUR UNE FOIS QU'ON A UN BOUQUET… ON LE MALTRAITE !

LES MINI-CHEFS

Demande-leur de former des tronçons de 3 centimètres, ça peut durer un petit moment !

Tu peux les proposer à ton bébé à partir de 1 an. Il est possible d'écraser les gnocchis, de les couper en petits bouts ou de les servir entiers pour une bonne prise en main, si tu pratiques la DME. La taille des morceaux dépendra de ses capacités de mastication.

Beignets de légumes et sauce au yaourt

Pour 4 personnes • Préparation : 10 min • Cuisson : 3-4 min par fournée

- 100 g de farine
- 1 cuil. à soupe de curcuma
- 2 œufs
- 20 g de Maïzena®
- 1 petite courgette jaune
- 1 botte d'asperges vertes
- 1 petit chou-fleur
- 1 boîte de salsifis de 250 g
- Huile pour la friture
- Sel

Pour la sauce au yaourt

- ½ botte de menthe
- 2 yaourts à la grecque
- Le jus de 1 citron
- 1 pincée de sel et de poivre

1. Lave et sèche la menthe, hache-la finement puis mélange-la avec les yaourts et le jus de citron.
2. Assaisonne la sauce et réserve-la à température ambiante. Tu peux ajouter un peu de gingembre ou d'ail, si le cœur t'en dit !
3. Mélange la farine et le curcuma dans un grand saladier puis incorpore les œufs battus avec 1 petite pincée de sel.
4. Mélange la Maïzena® avec 2 ou 3 cuillerées à soupe d'eau bien froide. Ajoute la préparation à la pâte.
5. Coupe la courgette en rondelles de 1 centimètre d'épaisseur.
6. Rince le chou-fleur et coupe-le en fleurettes. Lave les asperges, coupe les bois et sèche-les. Rince les salsifis.
7. Fais chauffer ta friteuse pour faire frire les fleurettes de chou-fleur, les asperges, les courgettes et tes salsifis que tu auras trempés dans la pâte. Puis égoutte-les sur du papier absorbant.

OK... L'attache pour ouvrir la boîte va casser... Je vais devoir utiliser l'ouvre-boîte... Il va casser ou je ne vais pas y arriver ! On peut prendre des surgelés ?

L'astuce de la cheffe

Sers les beignets chauds, mais attention aux petits doigts de tes bambins ! Tu peux accompagner les beignets de salade, et n'oublie pas la sauce au yaourt...

On va attendre les 3 ans de ton bébé avant de lui proposer des beignets pour un repas complet, mais tu peux lui en faire croquer un pour goûter !

Roulés courgette-saumon

Pour 4 personnes • Préparation : 15 min • Cuisson : 30 min • Repos : 2 h

300 g de courgettes

3 œufs

35 g de crème fraîche épaisse

50 g de farine

4 tranches de saumon fumé

1 pot de Boursin®

Huile d'olive

Sel

1. Lave et sèche les courgettes, puis râpe-les finement.
2. Fais-les revenir dans une poêle avec un filet d'huile jusqu'à ce que l'eau soit évaporée et qu'elles soient légèrement colorées.
3. Préchauffe ton four à 200 °C (th. 6-7).
4. Sépare les blancs des jaunes d'œufs. Fouette les jaunes avec la crème, 3 pincées de sel et la farine dans un saladier puis balance tes courgettes.
5. Monte les blancs en neige et incorpore-les à la préparation.
6. Verse la pâte sur une plaque de cuisson chemisée de papier sulfurisé et enfourne pour 12 minutes à 180 °C. Démoule le roulé sur un torchon... propre !
7. Laisse-le refroidir avant d'étaler le Boursin® dessus et de déposer les tranches de saumon fumé.
8. Attention, partie qui demande un peu de dextérité ! Roule délicatement la génoise à la courgette en la serrant bien.
9. Pour que le roulé prenne une belle forme et la garde, filme-le et laisse-le au frigo 2 heures minimum avant de le découper.

#BalanceTesCourgettes... Rien à voir avec #MeToo ? Non parce que là, si je les balance toutes, il faudra plus qu'une poêle !

ON DIRAIT LE NOM D'UN PLAT DANS UN GASTRO : « VOICI LE PETIT ROULÉ DÉMOULÉ SUR SON PROPRET TORCHOUNET, BON APPÉTIT ! »

L'astuce de la cheffe

Tu peux proposer une belle salade de roquette pour accompagner ces roulés à la courgette et au saumon.

Tu peux proposer un morceau de génoise nature à ton bébé à partir de 1 an. Il est possible de la couper en petits bouts ou de servir un roulé nature coupé en deux pour une bonne prise en main, si tu pratiques la DME. La taille des morceaux dépendra de ses capacités de mastication.

Tarte Tatin à la carotte

Pour 4 à 6 personnes • Préparation : 10 min • Cuisson : 35 à 40 min

500 g de carottes
60 g de beurre
30 g de miel
1 pincée de cumin en poudre
1 pâte feuilletée pur beurre
100 ml de vinaigre de cidre
1 brin de thym
150 g de fromage de chèvre frais type Petit Billy®
Sel et poivre

1. Préchauffe ton four à 200 °C (th. 6-7).
2. Épluche les carottes, rince-les et coupe-les en rondelles si tu ne veux pas t'embêter, ou en bâtonnets et en biseau si tu as un peu plus de temps et de technique.
3. Fais-les cuire dans une poêle avec le beurre pendant 5 à 10 minutes. Ajoute le miel, le cumin, le vinaigre de cidre et le thym, puis laisse caraméliser encore quelques minutes.
4. Répartis les carottes dans un moule à tarte et dépose des petits tas de fromage un peu partout dessus. Déroule la pâte feuilletée par-dessus et presse bien en rentrant les bords.
5. Enfourne pour 25 à 30 minutes, jusqu'à ce que la pâte soit bien dorée. Prends des maniques et sors le plat du four.
6. Démoule la tarte sur un plat adapté en longeant le bord avec une spatule pour décoller la pâte puis retourne-la sur une grande assiette avant de la servir accompagnée d'une petite salade !

POUR MOI, LES MANIQUES, C'EST LA PANIQUE ! MÊME AVEC, JE ME BRÛLE… MOI, IL ME FAUT LES MANIQUES, 10 TORCHONS ET SURTOUT LE SILENCE COMPLET DANS LA BARAQUE PARCE QUE JE HURLE : « FAITES-MOI DE LA PLACE POUR POSER ÇA, JE BRÛLE ! »

Zoom nutrition

Le **vinaigre de cidre** est un antibactérien et un anti-inflammatoire naturel. Tu peux lui substituer du vinaigre blanc balsamique, doux et légèrement sucré : il se marie bien avec la carotte !

Tu peux proposer un morceau de tarte à ton bébé à partir de 1 an. Il est possible de couper la tarte en petits bouts ou de la servir en petites parts pour une bonne prise en main, si tu pratiques la DME. Attention à ce que les carottes soient bien fondantes !

Soupe miraculeuse de ma grand-mère

ELLE POSSÈDE LE POUVOIR DE TE RENDRE AUSSI FORT QUE HULK OU SUPER WOMAN !

Pour 6 personnes • Préparation : 10 min • Cuisson : 50 min

2 gousses d'ail
1 oignon
6 carottes
2 grosses pommes de terre
3 navets
2 poireaux
1 belle noix de beurre
1 cube de bouillon de légumes sans sel
150 g de crème épaisse
Sel, poivre

1. Pèle les gousses d'ail et l'oignon puis coupe-les en quatre.

Ils disent ça aussi, dans le Nord : « Pwouaaa… j'me pèle les gousses ! » Pardon… rien à voir.

2. Épluche les carottes, les pommes de terre et les navets puis taille-les en morceaux. Émince les poireaux finement.

3. Mets tous les légumes dans une marmite avec le beurre. Fais revenir pendant 10 minutes, mouille avec de l'eau à hauteur et ajoute le cube de bouillon. Couvre, porte à ébullition puis laisse mijoter environ 40 minutes à feu moyen.

4. Mixe la soupe, sale si besoin et poivre puis ajoute la crème.

5. Fouette avec le fouet ou rebalance un coup de mixeur.

LA TRUELLE ? TOUJOURS PAS ?

6. Sers la soupe de légumes bien chaude, mais pas trop.

LES MINI-CHEFS

Laisse-les couper les légumes et surtout saler, poivrer et ajouter la crème !

Zoom nutrition

Le **navet**, c'est LE légume santé : riche en fibres et en vitamine C, cuisine-le en soupe, purée ou gratin.

Tu peux régaler toute la famille dès 6 mois.

Chaussons cresson et lardons

Pour 6 personnes • Préparation : 10 min • Cuisson : 30 min

2 bottes de cresson (500 g environ)

250 de lardons fumés

250 g de ricotta

1 œuf

4–5 cuil. à soupe de parmesan râpé

¼ de botte de persil

2 pâtes feuilletées pur beurre

1 jaune d'œuf

200 g de petits pois surgelés (décongelés)

Huile d'olive

Sel, poivre

1. Pour préparer la farce, effeuille les tiges du cresson, ou fais-le faire par les enfants !
2. Fais sauter les lardons dans une poêle jusqu'à ce qu'ils soient bien grillés, ajoute les petits pois pour qu'ils prennent le goût des lardons.
3. Lave le cresson et fais-le sauter dans la même poêle que les lardons pendant 5 à 10 minutes, le temps qu'il cuise et perde son eau. Égoutte-le quand même et hache-le puis mélange-le avec la ricotta.
4. Incorpore l'œuf, les lardons et petits pois, le parmesan et les feuilles du persil ciselées. Assaisonne.
5. Préchauffe ton four à 180 °C (th. 6).
6. Étale la pâte et découpe 4 ou 6 disques avec un bol si tu n'as pas d'emporte-pièce. Dépose un peu de farce au centre de chaque disque de pâte, mouille les bords avec de l'eau puis plie et serre bien l'appareil à chausson – ou appuie sur les bords avec les dents d'une fourchette, ça fera le même effet !
7. Recommence avec l'autre pâte.
8. Dépose les chaussons sur la plaque de ton four recouverte d'une feuille de papier cuisson et badigeonne-les de jaune d'œuf avant d'enfourner le tout pour 25 minutes.

OUI, PARCE QUE MON MARI, SI JE LUI PARLE D'EFFEUILLAGE, IL VA FAIRE N'IMPORTE QUOI ET ÇA SERA GÊNANT !

Je les incorpore persil par-là, en gros ?

LES MINI-CHEFS

Ils vont adorer former des chaussons trop mignons.

Tu peux proposer un chausson à ton bébé à partir de 1 an. Il est possible de couper le chausson en petits bouts : la taille des morceaux dépendra de ses capacités de mastication. Attention particulièrement à la taille des lardons !

SOS fin de placard du dimanche soir

Il n'y a pas que le placard qui lance des SOS le dimanche soir… Nous aussi, les parents : 17 h, ressenti 22 h ! Allez, bon courage, il faut encore préparer le dîner !

SOS CÉLINE !
DIS-MOI COMMENT
JE M'EN SORS
EN 20 MINUTES AVEC DU RIZ
ET TROIS LÉGUMES ?

Riz sauté aux légumes

Pour 4 personnes • Préparation : 15 min • Cuisson : 25 min

- 120 g de riz long grain
- 1 pincée de curcuma
- 1 grosse courgette
- 2 carottes
- 1 poivron rouge
- ½ bouquet de coriandre
- 1 oignon
- Huile d'olive
- Sel, poivre

1. Fais cuire ton riz comme indiqué sur le paquet en ajoutant le curcuma dans l'eau. Égoutte-le.
2. Épluche les carottes et le poivron.
3. Coupe la courgette en bâtonnets, les carottes en julienne et le poivron en fines lamelles.
4. Cisèle la coriandre.
5. Verse un fond d'huile dans un wok ou une grosse casserole pour faire revenir l'oignon et le poivron. Laisse-les colorer pendant 5 ou 6 minutes. Ajoute les carottes et la courgette puis laisse cuire 6 minutes à feu doux.
6. Ajoute le riz au curcuma et la coriandre, laisse cuire encore 3 ou 4 minutes et c'est prêt !

Ça s'épluche, un poivron ?

LES MINI-CHEFS

Donne-leur des petits couteaux pour tailler les bâtonnets !

ÉPLUCHE ET HACHE FINEMENT L'OIGNON. ÉPLUCHE-LE SOUS UN FILET D'EAU ! IL PARAÎT QUE ÇA MARCHE. EN GROS, FAIS-LE SOUS LA DOUCHE, PERSONNE NE VERRA QUE TU PLEURES !

L'astuce de la cheffe

Pour réaliser des bâtonnets de légumes, il faut d'abord couper les légumes en tronçons puis en tranches d'environ 5 mm. Après, si t'es costaud, tu superposes les tronçons et tu les tailles en bâtonnets. Mais si t'es comme Daniela, coupe-les tronçon par tronçon pour éviter d'y laisser un doigt !

La julienne est plus fine : coupe tes légumes en tranches à l'aide d'un couteau ou d'une mandoline puis taille-les en « cheveux » très fins.

Tu peux proposer ce plat à ton bébé à partir de 1 an, en adaptant la taille des morceaux et la texture à ses capacités de mastication.

Pommes de terre farcies

Pour 4 personnes • Préparation : 15 min • Cuisson : 1 h

4 grosses pommes de terre (type samba)

200 g de fèves surgelées

100 g de choux de Bruxelles surgelés

150 g de lardons fumés

3 cébettes

3 brins de coriandre

Sel, poivre

1. Préchauffe ton four à 200 °C (th. 6-7).
2. Pique tes pommes de terre à la fourchette et enfourne-les pour 1 heure.
3. Fais cuire les fèves 2 minutes dans une casserole d'eau bouillante. Égoutte-les avec une écumoire, remplace-les par les choux de Bruxelles et laisse-les cuire 3 minutes. Égoutte-les et passe-les sous l'eau froide pour les refroidir.
4. Fais revenir les lardons, les cébettes finement ciselées et la coriandre dans une poêle. Ajoute les légumes cuits et laisse cuire encore 5 minutes.
5. Coupe les pommes de terre en deux dans la longueur et creuse-les un peu. Garnis-les avec le mélange de légumes et la chair de pomme de terre.

LES MINI-CHEFS

Attention, pas de bataille de fourchettes !

CE QUI TE LAISSE LE TEMPS D'EXPLIQUER LES DEVOIRS À TON FILS ! LES FRACTIONS... AH ! NON... FAUT 5 JOURS, LÀ, EN FAIT !

Ça donne trop envie, le problème avec moi, c'est que je goûte, je grignote, comme tous les grands chefs ! Et quand j'arrive à table, j'ai plus faim...

Zoom nutrition

Quel mal-aimé que le **chou de Bruxelles** ! Pourtant, ce légume star de l'hiver favorise la bonne digestion et booste la santé osseuse.

Tu peux proposer ce plat à ton bébé à partir de 6 mois en mixant tous les ingrédients ensemble, mais aussi à partir de 1 an en adaptant la taille des morceaux et la texture à ses capacités de mastication.

Soupe de petits pois

Pour 4 ou 5 personnes • Préparation : 10 min • Cuisson : 20 min

- 3 échalotes
- 1 gousse d'ail
- 5 brins de persil
- 25 g de beurre
- 1 l de bouillon de légumes
- 1 kg de petits pois surgelés
- 6 cuil. à soupe d'huile d'olive
- 1 bouquet de ciboulette
- 1 baguette
- 1 bûche de chèvre
- Sel, poivre

1. Épluche et émince les échalotes. Pèle la gousse d'ail et hache-la finement. Cisèle le persil.
2. Fais fondre le beurre pour faire suer les échalotes et l'ail dans une poêle.
3. Porte le bouillon à ébullition dans une casserole et verse les petits pois dedans.
4. Couvre d'eau à hauteur si besoin. Assaisonne.
5. Mixe longuement l'huile et la ciboulette jusqu'à ce que tu obtiennes une huile très verte et parfumée.
6. Égoutte les petits pois en gardant le bouillon de cuisson et mixe-les avec les échalotes et l'ail, en ajoutant progressivement du bouillon chaud pour obtenir une consistance veloutée.
7. Découpe des tranches fines dans la baguette ou dans du pain de campagne, beurre-les légèrement et ajoute de fines tranches de chèvre dessus. Assaisonne-les et passe-les au four en mode gril à 200 °C (th. 6-7) quelques minutes.
8. Sers le velouté sans attendre, arrosé d'huile de ciboulette et parsemé de persil, avec les tartines de chèvre.

TOUS À POÊLE ! PARDON, J'AVAIS ENVIE DE LA FAIRE DEPUIS LE DÉBUT DU BOUQUIN !

Arrête, je m'en badigeonnerais : l'huile d'Oliboulette de Cocotte Chanel !

L'astuce de la cheffe

Si tes petits n'aiment pas le fromage de chèvre, propose-leur du Kiri®, de la feta ou du gouda.

Tu peux proposer cette soupe à ton bébé à partir de 6 mois sans la tartine et dès 1 an en adaptant la taille des morceaux de pain à ses capacités de mastication.

Omelette gourmande aux champignons caramélisés

Pour 4 personnes • Préparation : 15 min • Cuisson : 30 min

POUR NE PAS PLEURER, PLACE UNE ALLUMETTE ENTRE TES DENTS EN LAISSANT LE BOUT ROUGE VERS L'EXTÉRIEUR ! JE NE SAIS PAS SI ÇA MARCHE, MAIS JE SAIS DÉJÀ QU'IL NE FAUT PAS ALLUMER L'ALLUMETTE, SINON TU VAS PLEURER QUAND MÊME ET PERDRE MOUSTACHE ET POILS DE NEZ !

400 g de lardons fumés
2 oignons
500 g de champignons
1 bouquet de ciboulette
12 œufs
200 g de parmesan râpé
Salade verte
Vinaigrette
Huile d'olive
Sel, poivre

1. Fais revenir les lardons dans une poêle sans matière grasse puis place-les sur un papier absorbant pour absorber l'excès de gras.
2. Épluche et hache les oignons.
3. Épluche et taille tes champignons en lamelles.
4. Fais chauffer une poêle allant au four avec un filet d'huile d'olive et fais suer les oignons 3 ou 4 minutes, puis ajoute les champignons. Mélange régulièrement et laisse-les cuire jusqu'à ce que toute leur eau soit évaporée. Ajoute les lardons, poivre et mélange.
5. Préchauffe ton four à 225 °C (th. 7-8).
6. Cisèle la ciboulette. Bats les œufs avec la ciboulette et un filet d'eau puis verse-les dans la poêle.
7. Laisse prendre l'omelette en répartissant la garniture de champignons et de lardons.
8. Verse l'omelette dans un plat allant au four ou laisse-la dans ta poêle si elle va au four. Saupoudre-la de parmesan puis enfourne le tout le temps que le fromage soit bien doré.
9. Découpe des rectangles dans l'omelette et roule-les. Tu peux les servir avec une salade verte assaisonnée de vinaigrette.

BENT ! Celle-là aussi, je voulais la faire depuis le début du livre… J'ai tenu longtemps, quand même, non ?

LES MINI-CHEFS

Laisse-les sortir les muscles pour battre bien fort !

Tu peux proposer cette omelette à ton bébé à partir de 1 an en adaptant la taille des morceaux et la texture à ses capacités de mastication. Tu peux également la couper en bâtonnets et la proposer en version DME en fonction de ses capacités.

Zoom nutrition

L'**œuf** est un super-aliment : source de protéines, il apporte aussi des oméga 3 et plein de vitamines (D, E, A, B_{12})… sans oublier le fer !

Lentilles à la bolognaise

Pour 4 personnes • Préparation : 10 min • Cuisson : 50 min

- 100 g de lentilles vertes
- 1 cuil. à café de paprika fumé
- 3 cuil. à soupe de sauce soja
- 1 branche de céleri
- 2 oignons
- 2 carottes
- 800 g de tomates concassées
- Huile d'olive
- Poivre du moulin

1. Rince les lentilles et fais-les cuire 30 minutes dans 4 fois leur volume d'eau. Une fois qu'elles sont cuites, ajoute le paprika et la sauce soja.
2. Effile le céleri et coupe-le en petits dés. Épluche les oignons et les carottes puis émince-les finement.
3. Fais chauffer de l'huile dans une casserole et fais revenir les légumes pendant 10 minutes. Ajoute les tomates concassées et les lentilles.
4. Laisse mijoter encore 20 à 30 minutes.
5. Poivre en fin de cuisson.
6. Sers la bolognaise de lentilles avec des pâtes ou du riz en fonction de ce qu'il y a dans ton placard.

Pile le temps de passer les marmots sous la douche ! Vingt minutes de bataille pour les convaincre qu'être propre, c'est bien, 10 minutes pour la douche et pour mettre les pyjamas !

Zoom nutrition

Les **lentilles**, c'est un aliment sous-coté alors qu'elles sont riches en fibres, minéraux et protéines végétales. Des légumineuses au top quand on cherche une alternative à la viande !

Tu peux proposer ce plat à ton bébé à partir de 6 mois en mixant le tout finement, ou à partir de 1 an en adaptant la taille des morceaux et la texture à ses capacités de mastication.

One pot pasta

Pour 4 personnes • Préparation : 5 min • Cuisson : 30 min

1 oignon
400 g de filets de poulet
2 cuil. à café de curry
200 ml de lait de coco
250 g de pâtes
150 g de pois chiches cuits
0,5 l de bouillon de légumes
Huile d'olive
Sel

1. Épluche et émince finement l'oignon.
2. Coupe le poulet en cubes réguliers.
3. Fais revenir l'oignon dans une cocotte avec un peu d'huile, puis ajoute le curry et un filet de lait de coco. Ajoute le poulet et fais-le dorer dans la sauce.
4. Verse tous les autres ingrédients sauf le bouillon dans la cocotte avec 250 millilitres d'eau, y compris les pâtes et le reste du lait de coco, et laisse cuire à feu doux et à couvert pendant 15 à 20 minutes.
5. Ajoute le bouillon, mélange de temps en temps et sers une fois que les pâtes sont cuites.

C'EST L'ARMÉE, TA RECETTE ! TOUS À COUVERT PENDANT 15 MINUTES ! EN PARLANT DE COUVERT, C'EST LE MOMENT ET L'OCCASION DE DEMANDER AUX ENFANTS DE METTRE LA TABLE !

Zoom nutrition

Les **pois chiches** sont des légumineuses riches en protéines végétales, mais aussi en minéraux (fer, magnésium, etc.). Une bonne recette pour faire un repas végétarien.

Tu peux proposer ce plat à ton bébé à partir de 1 an en adaptant la taille des morceaux et la texture à ses capacités de mastication.

Risotto au potiron et au roquefort

Pour 4 personnes • Préparation : 15 min • Cuisson : 30 min

- **1,5 l de bouillon de légumes**
- **300 g de potiron**
- **1 oignon**
- **300 g de riz**
- **100 ml de vin blanc**
- **50 g de parmesan**
- **80 g de roquefort (ou d'autre fromage)**
- **Sel, poivre**
- **Huile d'olive**

1. Porte le bouillon à ébullition dans une casserole.
2. Épluche le potiron et coupe la chair en gros cubes. Épluche et hache l'oignon.
3. Fais suer l'oignon dans une casserole avec de l'huile.
4. Ajoute le riz et mélange à feu moyen jusqu'à ce qu'il devienne légèrement translucide : on dit qu'il « nacre ».
5. Déglace avec le vin blanc et ajoute les cubes de potiron. Laisse frémir jusqu'à ce que le riz ait entièrement absorbé le liquide.
6. Verse progressivement le bouillon au fur et à mesure que le riz l'absorbe.
7. Mélange régulièrement pour éviter qu'il accroche au fond de la casserole.
8. Après 15 à 20 minutes de cuisson, ajoute le parmesan, laisse chauffer un instant et vérifie l'assaisonnement.
9. Sers le risotto de potiron dans une assiette creuse et émiette le roquefort dessus.

Suer ? Comme quand je fais du sport ? Surtout les 15 premiers jours de janvier : les bonnes résolutions, ça ne tient jamais bien longtemps !

Oh ! je vais me la raconter en soirée, merci !

LE RISOTTO, C'EST COMME UN EX ! SI TU N'ES PAS SUR TES GARDES... IL S'ACCROCHE !

LES MINI-CHEFS

Ils vont adorer mélanger le riz et le bouillon de légumes !

L'astuce de la cheffe

Pour ne pas pleurer en découpant l'oignon, voici LA technique infaillible, testée et approuvée : munie d'un couteau sans dents, commence à couper ton oignon et passe ensuite la lame sous l'eau chaude. Tout le gaz contenu dans l'oignon sera libéré : bye-bye les Kleenex® !

Tu peux proposer ce risotto à ton bébé à partir de 1 an en adaptant la taille des morceaux et la texture (plus ou moins mixé) à ses capacités de mastication.

Le zoom nutrition

Le **potiron**, il a tout bon : riche en fer, potassium, carotène et vitamines B_9, C et E pour un teint effet « retour de plage » même en hiver !

Cake de thon et salade verte

Pour 4 personnes • Préparation : 15 min • Cuisson : 20 min

2 boîtes de thon au naturel
100 g de farine
1 sachet de levure chimique
3 œufs
1 filet d'huile
Le jus de 1 citron
25 cl de lait entier
150 g de gruyère râpé
Salade verte
Vinaigrette
Sel, poivre

1. Préchauffe le four à 180 °C (th. 6).
2. Égoutte ton thon.
3. Mélange la farine, la levure, les œufs, l'huile, le jus de citron et le lait.
4. Incorpore le thon émietté.
5. Ajoute le gruyère et assaisonne.
6. Verse la pâte dans un moule à cake et enfourne pour 15 à 20 minutes.
7. Sers ce cake tiède avec une salade verte.

Enfin le thon, pas Tonton !

LA BOÎTE DE THON, C'EST CLAIREMENT CE QUI SAUVE LA PLUPART DE MES REPAS EXPRESS !

Zoom nutrition

Une boîte de **thon** équivaut à 30 g de protéines : davantage que dans la viande !

Tu peux proposer ce cake à ton bébé à partir de 1 an en adaptant la taille des morceaux et la texture à ses capacités de mastication.

Soupe à l'oignon

Pour 4 personnes • Préparation : 15 min • Cuisson : 35 min

1,5 l de bouillon de volaille

1 brin de thym

2 feuilles de laurier

5 oignons jaunes

1 cuil. à soupe de farine

½ baguette

100 g de gruyère râpé

1 cuil. à soupe de crème fraîche (facultatif)

1 noisette de beurre

Sel, poivre

1. Porte le bouillon à ébullition dans une grande casserole avec le thym et le laurier.
2. Pèle les oignons et émince-les finement.
3. Fais-les revenir dans une poêle avec le beurre. Sale légèrement et poivre, mais attention si tu as des enfants !
4. Saupoudre-les de farine et mélange-les avec une cuillère en bois ou une maryse.
5. Verse-les dans le bouillon de volaille chaud, couvre et laisse mijoter 30 minutes à feu doux.
6. Préchauffe ton four à 200 °C (th. 6-7) en mode gril.
7. Coupe la baguette en 8 tronçons et répartis le gruyère dessus.
8. Verse éventuellement la crème fraîche dans la soupe et mélange. Rectifie l'assaisonnement si nécessaire.
9. Juste avant de servir, répartis la soupe dans 4 bols, pose les croûtons par-dessus et passe le tout au gril 5 minutes.

POUR NE PAS PLEURER – SURTOUT AVEC 5 OIGNONS ! – DÉTOURNE L'ODEUR GRÂCE À UN VENTILATEUR, TU EMBAUMERAS LA MAISON MAIS PAS UNE LARME !

PS : PRUDENCE AVEC LE POIVRE ET LE VENTILO… J'AI (PAR ACCIDENT, L'ÉTÉ) POIVRÉ UN PLAT DEVANT UN VENTILO, TOUT LE MONDE EST SORTI DE LA MAISON EN PLEURANT ET EN TOUSSANT, ON SE SERAIT CRU À UNE MANIF !

Plus c'est long, plus c'est bon !

L'astuce de la cheffe

Les croûtons frais à base de bonne baguette, c'est bien meilleur que les trucs industriels salés. Testés et approuvés par Daniela !

Tu peux proposer cette soupe à ton bébé à partir de 1 an en adaptant la texture à ses capacités de mastication, et éventuellement en ajoutant une pomme de terre pour lui apporter un peu d'épaisseur.

Soupe de cheveux d'ange au lait

Pour 4 personnes • Préparation : 15 min • Cuisson : 20 min

LES MiNi-CHEFS

Les enfants, à vous de jouer : c'est trop facile !

- 1 l de lait entier
- 1 pincée de cannelle en poudre
- 400 g de cheveux d'ange
- 1 noisette de beurre
- Sel

1. Fais bouillir le lait avec la cannelle dans une casserole. Dès qu'il bout, ajoute les cheveux d'ange en pluie sans cesser de remuer pendant 5 minutes.
2. En fin de cuisson, incorpore le beurre, sale et sers bien chaud.
3. Cela a tendance à épaissir un peu, n'hésite pas à rajouter du lait pour plus d'onctuosité.

La recette est tellement rapide que j'ai pas eu le temps de faire une vanne ! Bien joué, Céline, tu m'as eue !

L'astuce de la cheffe

Cette recette, c'est vraiment celle de la grosse flemme du dimanche soir !

Tu peux proposer cette soupe à ton bébé à partir de 1 an en adaptant la taille des pâtes et leur texture à ses capacités de mastication.

Ni pâtes, ni patates

Si les tentateurs de « L'Île de la tentation » étaient des pâtes, malgré mes 10 ans de mariage et mes 3 enfants, je céderais direct le premier jour. Et les patates, c'est pour me donner bonne conscience, parce que j'ai récemment appris que la pomme de terre, c'était presque un fruit aussi ! Je m'explique : si tu retires la « terre », il ne reste que la « pomme » du coup !? Donc c'est mi-légume, mi-fruit ! C'est un FRUIGUME en gros, l'aliment parfait ! Indispensable ! (Source : Docteur Daniela Martins, experte en patatologie)

SOS CÉLINE !
QU'EST-CE QUE JE PEUX
CUISINER AUX ENFANTS
POUR CHANGER DES PÂTES
ET DES PATATES ?

Falafels et guacamole

Pour 4 personnes • Préparation : 15 min • Trempage : 12 h • Cuisson : 20 min

350 g de pois chiches secs

1 oignon jaune

1 botte de persil

5 brins de menthe

½ botte de coriandre

1 cuil. à café de cumin en poudre

2 gousses d'ail

1 sachet de levure chimique

2 cuil. à soupe de farine

Huile d'olive

Sel, poivre

Pour le guacamole

1 avocat bien mûr

Le jus de 1 citron

Tabasco®

1 cébette

1. Fais tremper les pois chiches dans un saladier rempli d'eau froide pendant 12 heures.
2. Égoutte-les et sèche-les.
3. Préchauffe ton four à 210 °C (th. 7) en mode chaleur tournante.
4. Pèle et coupe grossièrement l'oignon, effeuille les herbes et mixe-les avec les pois chiches, le cumin, l'ail, la levure et la farine jusqu'à obtenir une texture sableuse. Assaisonne.
5. Avec une cuillère à glace ou une cuillère normale, ou même avec les mains de tes enfants, fais de jolies boules et dispose-les sur une plaque de cuisson recouverte d'une feuille de papier sulfurisé. Arrose-les avec un filet d'huile.
6. Enfourne les falafels pour 15-20 minutes à 190 °C (th. 6-7). Laisse-les refroidir sur la plaque et dresse-les sur ton plat de service.
7. Tu peux ajouter quelques feuilles de salade, si tu veux.
8. Pour réaliser le guacamole, épluche, dénoyaute et mixe l'avocat avec le jus de citron, un peu de Tabasco® et la cébette. Assaisonne pendant que tu mixes !
9. Une fois la texture bien homogène et lisse, verse le guacamole dans un bol et recouvre-le d'un morceau d'alu pour éviter que l'avocat s'oxyde avec la lumière et l'air et devienne tout marron.

OUI, LÀ, ÇA ME VA, J'AIME BIEN FAIRE TREMPETTE !

Wouahhh ! C'est une recette fastoche, mais à faire durant les heures creuses ! Ça va coûter plus cher en élec' qu'en ingrédients !

J'ai déjà du mal à dresser mes mômes...

Tu peux proposer cette recette à ton bébé à partir de 1 an en adaptant la taille des morceaux et la texture à ses capacités de mastication.

Œufs cocotte et pain de campagne aux champignons

Pour 4 personnes • Préparation : 15 min • Cuisson : 13 min

800 g de champignons de Paris
2 gousses d'ail
¼ de bouquet de persil
1 bouquet de ciboulette
200 ml de crème liquide
4 œufs bien frais
4 tranches de pain de campagne
Copeaux de parmesan
Huile d'olive
Sel, poivre

1. Préchauffe ton four à 180 °C (th. 6).
2. Nettoie les champignons, rince-les, coupe-les en quatre dans le sens de la hauteur.
3. Épluche, dégerme et hache l'ail. Cisèle le persil et la ciboulette.
4. Verse un filet d'huile d'olive dans une poêle, laisse-la chauffer et fais revenir les champignons en mélangeant de temps en temps.
5. Ajoute l'ail et le persil puis laisse cuire encore quelques minutes. Fais caraméliser les champignons.
6. Verse la moitié des champignons dans un saladier, ajoute la crème, assaisonne et mélange. Répartis cette préparation dans 4 ramequins qui passent au four.
7. Casse 1 œuf dans chacun des ramequins et enfourne le tout au bain-marie pour 12 minutes : le blanc doit être cuit et le jaune encore un peu liquide. Si tu veux un jaune bien liquide, mets uniquement le blanc les 10 premières minutes, puis ajoute le jaune et prolonge la cuisson 3 minutes.
8. Ajoute du sel, du poivre et de la ciboulette ciselée sur chaque œuf.
9. Pendant ce temps, toaste les tranches de pain de campagne, gratte-les avec 1 gousse d'ail épluchée et répartis le reste des champignons dessus. Parsème le tout de copeaux de parmesan et déguste avec l'œuf cocotte !

Woooh, cet œuf cocotte, il dépote !

LES MINI-CHEFS

Fais-les éplucher tes champignons, ça peut les occuper un petit bout de temps !

« CUISTOOOO, SI T'ES CHAMPION, CARAMÉLISE TES CHAMPIGNONS ! » TU NE CHANTAIS PAS ÇA DANS LE BUS DE L'ÉCOLE, CÉLINE ?

Tu peux proposer cette recette à ton bébé à partir de 1 an en adaptant la taille des morceaux et la texture à ses capacités de mastication. À la place de la tartine, je te propose de faire une purée de champignons ou de servir les champignons à la fin de la cuisson. L'important, c'est de toujours respecter l'évolution de ton bébé et de s'adapter à lui !

Si tu as des enfants de moins de 3 ans, il n'est pas recommandé de leur donner des œufs mi-cuits, donc pousse un peu la cuisson !

Velouté de carottes et de topinambours au cumin

Pour 4 à 6 personnes • Préparation : 10 min • Cuisson : 30 min

1 oignon jaune

4 carottes

400 g de topinambours

1 l de bouillon de légumes

80 g de crème fraîche épaisse légère

Sel, poivre

1. Épluche l'oignon et émince-le finement.
2. Épluche les carottes et les topinambours puis coupe-les en rondelles.
3. Fais revenir le tout 5 minutes environ dans une cocotte. Ajoute le bouillon de légumes et mouille avec de l'eau à hauteur.
4. Assaisonne et laisse mijoter 25 minutes à couvert.
5. Une fois que les légumes sont cuits, hors du feu, ajoute la crème fraîche et rectifie l'assaisonnement selon les goûts de la famille.

LES MINI-CHEFS

C'est le moment de manier l'Économe® comme des pros !

On est d'accord, quand tu dis « mouiller à hauteur », ça ne veut pas dire que je dois monter sur une chaise ? Je mouille juste jusqu'au-dessus des ingrédients ?

Tu peux préparer cette recette pour ton bébé à partir de 6 mois sans y mettre de sel, et telle quelle à partir de 1 an (en limitant la consommation de sel malgré tout). Si ton bébé est intolérant aux protéines de lait de vache, ajoute 1 cuillerée d'huile de tournesol pour apporter la matière grasse nécessaire au bon développement de son cerveau !

Soupe paysanne aux haricots blancs

Pour 4 à 6 personnes • Préparation : 20 min • Cuisson : 35 min

1 poireau

1 l de bouillon de légumes

½ tasse de boulgour

1 pincée d'origan séché

1 feuille de laurier

1 courgette

½ chou-fleur

2 carottes

540 g de haricots blancs cuits

15 ml de vinaigre blanc balsamique

Copeaux de parmesan

1 bouquet de basilic

Huile d'olive

Sel, poivre

1. Coupe le poireau dans la longueur et émince-le finement.
2. Fais chauffer un filet d'huile à feu moyen dans une cocotte. Ajoute le poireau et fais-le cuire 2 minutes en remuant de temps en temps.
3. Verse le bouillon de légumes et ajoute le boulgour, l'origan, du sel et le laurier. Porte à ébullition et laisse mijoter 10 minutes en mélangeant pour éviter que le boulgour accroche au fond de la casserole.
4. Coupe la courgette en 2 dans la longueur et taille-la en morceaux.
5. Coupe le chou-fleur en petites fleurettes et les carottes en fines rondelles. Rince et égoutte les haricots blancs.
6. Ajoute les légumes et les haricots à la soupe. Poursuis la cuisson 10-15 minutes.
7. Verse le vinaigre balsamique et mélange de temps à autre.
8. Répartis la soupe dans 4 ou 6 bols puis parsème-la de copeaux de parmesan et de feuilles de basilic. Sers cette soupe paysanne chaude, mais pas trop. Ajoute un tour de moulin à poivre !

Moi, quand je vois des recettes comme ça, j'ai envie de cuisiner avec un verre de vin rouge de 75 cl comme dans *Desperate Housewives* ! La grande classe, quoi !

LES MINI-CHEFS

Laisse-les découper les courgettes : ils vont tellement bien s'appliquer !

Tu peux préparer cette recette sans y mettre de sel pour ton bébé à partir de 6 mois en faisant bien cuire tous les légumes pour en faire une soupe bien lisse, ou telle quelle à partir de 1 an (en limitant la consommation de sel malgré tout et en adaptant la taille des morceaux et la texture à ton bébé).

Zoom nutrition

Le **boulgour** est une céréale encore trop peu connue alors qu'elle regorge de vitamine B et de minéraux comme le magnésium, le phosphore et le fer !

Butternut farci

Pour 4 à 6 personnes • Préparation : 15 min • Cuisson : environ 1 h

C'EST COSTAUD, JE VAIS LE FAIRE À LA HACHE ! NON, SÉRIEUX, AU COUTEAU ÇA PASSE, MAIS SOYEZ PRUDENT ET CONCENTRÉ ! EN GROS, À CE MOMENT DE LA RECETTE, PAS D'ENFANTS !

1 butternut

500 g de ricotta

1 cuil. à soupe de massalé

1 poignée de raisins secs

50 g de noix

25 g de pignons de pin

50 g de parmesan râpé

¼ de bouquet de persil

Huile d'olive

Sel, poivre

1. Préchauffe ton four à 190 °C (th. 6-7).
2. Lave bien le butternut parce qu'on va garder la peau. Fends-le en deux dans la longueur et retire les graines.
3. Dépose les deux moitiés sur une plaque de cuisson recouverte de papier sulfurisé et arrose-les d'huile d'olive puis saupoudre-les d'un peu de sel et enfourne pour 45 minutes.
4. À la sortie du four, retire un peu de chair en haut de la courge pour y creuser un trou et répartir la farce correctement.
5. Verse la ricotta dans un saladier, ajoute le persil haché, le massalé, les raisins secs, les noix et les pignons de pin grossièrement hachés. Assaisonne et garnis tes butternuts de farce. Saupoudre-les de parmesan et enfourne-les à nouveau pour 10 minutes.

MOI, TU ME DIS DE METTRE LA FARCE, JE METS UN CAILLOU, DU POIL À GRATTER, UNE BONNE FARCE QUOI !

Zoom nutrition

Le **massalé** est un mélange d'épices qui décoiffe : coriandre, cumin, curcuma, origan, fenugrec, gingembre, muscade, piment fort, cardamome…

Tu peux préparer cette recette sans y mettre de sel pour ton bébé à partir de 6 mois en retirant la peau du butternut et en mixant la portion qui lui convient. Ou tu peux la faire telle quelle pour ton bébé à partir de 1 an en adaptant la texture et la taille des morceaux.

Papillotes de poulet à la tomate

Pour 4 personnes • Préparation : 15 min • Cuisson : 15 min

LES MINI-CHEFS

Fais laver les légumes par les enfants.

2 citrons

500 g de tomates cerises

½ botte de basilic

4 filets de poulet

250 g de pousses d'épinards

Huile d'olive

Sel, poivre

1. Préchauffe ton four à 210 °C (th. 7).
2. Lave tous les légumes.
3. Zeste les citrons et presse-les. Coupe les tomates cerises en deux. Cisèle le basilic. Coupe les filets de poulet en cubes.
4. Hache grossièrement les pousses d'épinards et mélange-les avec les tomates.
5. Répartis les pousses d'épinards et les tomates cerises sur 4 carrés de papier sulfurisé. Dépose les cubes de volaille dessus puis parsème le tout de basilic, de zeste et de jus de citron. Assaisonne et arrose d'huile d'olive.
6. Ferme tes papillotes hermétiquement et enfourne-les pour 15 minutes. À la sortie du four, ouvre-les avant de les servir.

Ou alors tu laves tout le monde en même temps, légumes et enfants, dans le bain, histoire de gagner du temps !

SANS FAIRE TOMBER UNE GOUTTE DE JUS ! JE BLAGUE, N'ESSAYEZ PAS !

L'astuce de la cheffe

Pour des papillotes au top, aligne les aliments sur le papier puis enroule-le autour. Noue les deux extrémités avec de la ficelle ou ferme-les avec des pinces.

Tu peux préparer cette recette sans y mettre de sel pour ton bébé à partir de 6 mois en mixant la portion de légumes et de viande adaptée à son âge. Tu peux également la réaliser telle quelle pour ton bébé à partir de 1 an en adaptant la texture et la taille des morceaux.

Zoom nutrition

La **tomate cerise**, c'est la reine de l'apéro ! En plus, elle a tout bon : antioxydants (d'où sa jolie couleur rouge), vitamine C et fibres.

Petit salé aux lentilles

Pour 4 à 6 personnes • Préparation : 10 min • Cuisson : 1 h 10

- 400 g de lentilles vertes du Puy
- 1 oignon
- 3 clous de girofle
- 3 carottes
- 1 bouquet garni
- 400 g de poitrine demi-sel
- 2 saucisses de Morteau
- 4 échalotes
- 1 gousse d'ail
- 500 ml de bouillon de légumes
- Huile d'olive
- Poivre

1. Verse les lentilles dans une cocotte et couvre-les d'eau froide. Ajoute l'oignon épluché et piqué de clous de girofle.

2. Épluche les carottes, coupe-les en petits cubes et ajoute-les dans la cocotte avec le bouquet garni et du poivre. Porte à ébullition pendant 20 minutes. Égoutte le tout.

3. Place la poitrine dans une casserole et couvre-la d'eau froide. Laisse cuire 1 heure à frémissement. Ajoute les saucisses 15 minutes avant la fin de la cuisson. Égoutte-les et coupe-les en rondelles de 1 centimètre d'épaisseur. Coupe la poitrine en morceaux.

4. Pèle et émince les échalotes et l'ail. Fais-les cuire dans un filet d'huile dans la cocotte de cuisson des lentilles, sans les laisser colorer.

5. Ajoute les lentilles, les carottes, la saucisse et la poitrine. Rectifie l'assaisonnement et laisse cuire le tout ensemble pendant 10 minutes avec le bouillon de légumes. Sers bien chaud.

ASTUCE OIGNON : POUR NE PAS PLEURER, ON MET DES LUNETTES DE PLONGÉE ! OUI, C'EST RIDICULE, MAIS ÇA MARCHE !

Ouuuh, une petite pointe de moutarde pour les grands avec ça !!! Mmmh !

Tu peux préparer cette recette sans y ajouter de sel pour ton bébé à partir de 6 mois en mixant la portion de légumes adaptée à son âge. Tu peux aussi la faire telle quelle pour ton bébé à partir de 1 an en adaptant la texture et la taille des morceaux. Ne propose pas de saucisses ou de poitrine fumée à ton bébé, c'est trop salé et trop gras pour son petit corps !

Blanquette de saumon

Pour 4 personnes • Préparation : 10 min • Cuisson : 30 min

- **3 carottes**
- **2 poireaux**
- **400 g de champignons de Paris**
- **4 échalotes**
- **40 g de beurre**
- **1 cuil. à soupe de farine**
- **700 g de dos de saumon**
- **500 ml de fumet de poisson**
- **100 ml de crème fraîche épaisse**
- **1 jaune d'œuf**
- **Le jus de 1 citron**
- **600 g de riz cuit**
- **Sel, poivre**

1. Épluche et coupe tes carottes en deux dans la longueur puis en trois en biseau.
2. Coupe les poireaux en rondelles et les champignons en quatre. Émince finement les échalotes.
3. Fais revenir les échalotes dans le beurre avec les carottes, les poireaux et les champignons. Laisse le tout suer tranquillement 5 minutes.
4. Saupoudre le tout de farine.
5. Verse le fumet de poisson et laisse mijoter à feu doux.
6. Dépose le saumon coupé en dés sur les légumes et laisse mijoter à nouveau pendant 10 minutes.
7. Mélange la crème et le jaune d'œuf, ajoute le jus de citron et verse le tout dans la cocotte sur le saumon. Laisse mijoter encore un peu pour que la sauce épaississe.
8. Assaisonne en sel et poivre !
9. Déguste chaud avec le riz cuit !

Bah oui ! Un peu de maths et de géométrie !

J'ai l'impression de passer le bac scientifique ! Vas-y mollo, Céline !

Niveau hygiène, c'est pas le top, mais je te fais confiance : je les laisse suer tranquillement.

AH ! OUI, QUAND ÇA SUAIT TROP, JE METTAIS DU TALC, GÉNÉRALEMENT, MAIS LA FARINE C'EST PAREIL !

LES MINI-CHEFS

Allez, les enfants, on touille, on touille la crème !

OUI, PARCE QUE CRU… C'EST POSSIBLE, MAIS AUTANT MANGER DU GRAVIER !

Tu peux préparer cette recette sans y mettre de sel pour ton bébé à partir de 6 mois en mixant les légumes et le riz. Tu peux aussi servir le plat tel quel à ton bébé à partir de 1 an en adaptant la texture et la taille des morceaux à ses capacités de mastication.

Samossas au thon et aux légumes

Pour 4 à 6 personnes • Préparation : 10 min • Cuisson : 30 min

- 500 g de carottes
- 250 g de courgettes
- 200 g de thon
- 4 cuil. à soupe de coriandre finement hachée
- 100 g de fromage râpé
- 500 g de feuilles de brick
- 1 œuf
- Quelques feuilles de mâche
- Beurre
- Huile d'olive
- Sel, poivre

1. Épluche et râpe les carottes. Râpe les courgettes. Fais-les revenir dans une poêle avec un filet d'huile et 1 pincée de sel. Laisse caraméliser gentiment mais pas trop ! Égoutte les légumes et laisse-les refroidir dans un saladier.

2. Ajoute le thon égoutté, la coriandre et le fromage puis mélange bien.

3. Préchauffe ton four à 180 °C (th. 6).

4. Coupe les feuilles de brick en deux. Prends ½ feuille dans le sens de la longueur, rabats les côtés vers le centre pour obtenir une bande rectangulaire. Place la farce à l'une des extrémités, puis replie pour obtenir un triangle. Colle les extrémités à l'œuf.

5. Badigeonne les samossas de beurre fondu avec un pinceau pour qu'ils colorent bien à la cuisson.

6. Enfourne-les pour 30 minutes sur une plaque chemisée de papier sulfurisé, laisse-les refroidir et accompagne-les d'une petite salade de mâche.

Ça rap' fort dans cette recette-là ! ! ! Céline c'est plus une CHEFFE, c'est BOOBA !

WESH, COLLE LES EXTRÉMITÉS À L'ŒUF, MON REUUUF ! OUI, JE ME CALME, PARDON... ON CONTINUE !

LES MINI-CHEFS

Sors les pinceaux pour les petits loups !

L'astuce de la cheffe

Si tu détestes la coriandre, remplace-la par du persil.

Tu peux proposer cette recette à ton bébé à partir de 1 an en adaptant la taille et la texture des samossas à ses capacités masticatoires.

Gratin de blettes à la brousse et aux épices

Alors la brousse, c'est un fromage ! Et si tu n'aimes pas, remplace par de la ricotta !

Pour 4 à 6 personnes • Préparation : 30 min • Cuisson : 40 min

400 g de blettes
1 oignon
1 brin de thym
240 ml de coulis de tomates
1 morceau de sucre
35 g de beurre
40 g de farine
320 ml de jus végétal à l'amande ou à l'avoine
1 pincée de muscade
200 g de brousse
150 g de comté râpé
Huile d'olive
Sel, poivre

1. Préchauffe ton four à 190 °C (th. 6-7).
2. Effile les côtes de blettes et coupe-les en morceaux ; hache grossièrement les feuilles. Épluche et émince l'oignon.
3. Fais chauffer un filet d'huile dans une poêle et ajoute le thym, l'oignon et les côtes de blettes. Laisse revenir quelques minutes et incorpore le coulis de tomates, le sucre, du sel et du poivre. Couvre et laisse mijoter 10 minutes à feu moyen.
4. Ajoute les feuilles de blettes et laisse cuire encore 10 minutes.
5. Fais fondre le beurre dans une casserole, ajoute la farine et laisse cuire 3 minutes en mélangeant. Verse le jus végétal petit à petit en mélangeant constamment avec un fouet jusqu'à incorporation complète. Ta béchamel doit être épaisse et lisse.
6. Laisse cuire 3 minutes après ébullition. Ajoute la muscade, goûte et rectifie l'assaisonnement si besoin.
7. Verse la moitié des blettes dans un plat à gratin, répartis la brousse dessus, puis quelques cuillerées de béchamel. Renouvelle l'opération jusqu'à épuisement des ingrédients. Répartis le comté sur le gratin et enfourne pour 20 minutes.

SI TU NE VEUX PAS PLEURER, FAIS PLEURER QUELQU'UN D'AUTRE ! LOL !

Béchamel... *BeCHame muchoooo* ! Je vous ai mis la chanson dans la tête ? Cadeau !

Tu peux proposer cette recette à ton bébé à partir de 1 an. Adapte la taille des morceaux et la texture à ses capacités de mastication.

Zoom nutrition

La **blette**, c'est un légume trop peu cuisiné, mais qui vous changera des épinards ! On l'adore pour sa richesse en calcium, magnésium, fer, potassium et vitamine C.

Voyage, voyage… au bout de la cuisine !

Surtout ne me remercie pas pour la mélodie que tu as maintenant dans la tête : c'est cadeau ! En plus, je t'offre 10 recettes pour partir aux 4 coins du monde… sans quitter la cuisine !

SOS CÉLINE !
COMMENT JE M'ÉVADE
AVEC QUELQUES ÉPICES
ET DES POMMES DE TERRE ?

Cannellonis épinard et feta (Italie)

Pour 4 personnes • Préparation : 15 min • Cuisson : 35 min

J'avais lu « Fais cuire la cannelle au lit... » Je me suis dit que j'étais dans de beaux draps ! OK... Céline, je sors.

1 paquet de cannellonis

1 oignon

1 kg de pousses d'épinards

200 g de feta

2 gousses d'ail

250 g de coulis de tomates

Thym

Laurier

Mozzarella râpée

Huile d'olive

Sel, poivre

1. Fais cuire les cannellonis dans de l'eau bouillante quelques minutes comme indiqué sur le paquet.
2. Rince-les à l'eau froide pour éviter qu'ils collent.
3. Épluche l'oignon et fais-le revenir dans une poêle avec un peu d'huile.
4. Ajoute les pousses d'épinards et fais-les revenir quelques minutes. Assaisonne.
5. Retire la poêle du feu, ajoute la feta émiettée et mélange délicatement avant de verser le tout dans un saladier.
6. Fais chauffer de l'huile dans une poêle et balance l'ail haché et le coulis de tomates dedans.
7. Ajoute le thym et le laurier puis laisse mijoter quelques minutes.
8. Préchauffe ton four à 180 °C (th. 6).
9. Transfère la farce d'épinards dans une poche à douille si tu en as une et farcis les cannellonis.
10. Verse le coulis de tomates dans un plat allant au four. Dispose les cannellonis farcis dans le plat et nappe-les de coulis. Parsème généreusement le tout de mozzarella et enfourne pour 15 minutes.
11. Laisse tiédir un peu avant de servir.

LES MINI-CHEFS

Propose-leur d'émietter la feta !

Mince ! J'en ai mis la moitié sur le plan de travail, et l'autre moitié sur les gosses à côté ! Ils sont tout rouges avec des points blancs. On dirait des amanites tue-mouche ! Céline, arrête d'écrire « balancer », j'ai deux mains gauches en cuisine !

Il me reste un fond de thym « beige lumineux », ça fera l'affaire ?

Tu peux proposer ce plat à ton bébé à partir de 1 an et remplacer la feta par de la mozzarella ou du fromage de chèvre. Fais attention à ce que la texture soit bien adaptée.

Tortilla aux pommes de terre (Espagne)

Pour 4 personnes • Préparation : 10 min • Cuisson : 30 min

SUR LA TÊTE DE LA PERSONNE QUI T'A GONFLÉE TOUTE LA JOURNÉE ? AH NON… DANS UN SALADIER…

1 kg de pommes de terre

8 œufs

2 oignons

Salade verte

Vinaigrette

Huile d'olive

Sel, poivre

1. Épluche les pommes de terre et coupe-les en lamelles pas trop fines. Verse un filet d'huile dans une poêle, déposes-y les pommes de terre et laisse-les cuire 15 à 20 minutes.
2. Casse les œufs, bats-les en omelette et assaisonne-les.
3. Épluche, dégerme et émince finement les oignons.
4. Lorsque les pommes de terre sont cuites, verse les œufs dessus et mélange rapidement le tout avant que l'omelette se raffermisse. Pour finir, ajoute les oignons émincés.
5. Lorsque l'omelette est cuite, elle se détache de la poêle.
6. Couvre la poêle avec une assiette aussi large qu'elle.
7. Retourne la tortilla dessus puis fais-la glisser dans la poêle pour faire cuire l'autre face. Dépose ensuite la tortilla dans un plat et sers-la après avoir versé un filet d'huile dessus, accompagnée d'une bonne salade verte.

LES MINI-CHEFS

C'est le moment qu'ils adorent : casser, enlever les bouts de coquille, et battre les œufs !

Tu peux proposer cette omelette à ton bébé à partir de 1 an, mais adapte la quantité d'œuf pour ne pas dépasser la limite de protéines recommandée.

Brandade de morue (Portugal)

Pour 4 à 6 personnes • Préparation : 20 min • Cuisson : 50 min

- 0,5 l de lait
- 3 gousses d'ail
- 2 feuilles de laurier
- 4 brins de thym
- 800 g de pommes de terre
- 800 g de morue non salée
- Le jus de ½ citron
- 3 cuil. à soupe de crème fraîche épaisse
- ½ bouquet de persil
- 4 brins de ciboulette
- Chapelure
- Huile d'olive
- Sel, poivre

1. Porte le lait à ébullition avec 0,5 l d'eau et les gousses d'ail entières épluchées et écrasées, le laurier et le thym.
2. Épluche les pommes de terre et coupe-les en rondelles de 1 centimètre. Plonge-les dans la casserole et laisse-les cuire jusqu'à ce qu'elles soient fondantes (environ 25 minutes).
3. Égoutte les pommes de terre à l'aide d'une écumoire sans jeter le jus de cuisson. Passe-les encore chaudes au presse-purée.
4. Porte le jus de cuisson à petite ébullition et plonges-y la morue pour 10 à 12 minutes.
5. Égoutte la morue en gardant 300 millilitres de jus de cuisson. Laisse-la tiédir puis émiette-la en enlevant les arêtes.
6. Préchauffe ton four à 200 °C (th. 6-7) en mode gril.
7. Mélange la morue émiettée avec la purée de pommes de terre. Arrose la préparation avec le jus de citron, ajoute un filet d'huile et la crème fraîche ainsi que les 300 millilitres de jus de cuisson. Mélange à nouveau et ajoute le persil et la ciboulette finement hachés. Assaisonne.
8. Verse la brandade dans un plat à gratin et saupoudre-la généreusement de chapelure, puis enfourne le tout jusqu'à ce qu'elle soit bien dorée.

J'AI FAILLI Y PLONGER LA BELLE-MÈRE ! QUAND J'AI LU « NON SALÉE », J'AI COMPRIS QU'ON ÉTAIT SUR LE POISSON. BIEN QU'IL Y EN AIT DES SALÉES, DES BELLES-MAMANS… ET MÊME DES GRATINÉES !

J'arrive plus à lire « morue » sans avoir l'image de la belle-mère, maintenant… LOL !

Tu peux proposer cette brandade à ton bébé à partir de 1 an en adaptant la taille des morceaux et la texture à ses capacités de mastication.

Zoom nutrition

Le petit plus de la **morue** ? Son iode, qui joue un rôle important dans le développement cérébral du fœtus ainsi qu'au moment de la croissance.

Moussaka (Grèce)

Pour 4 à 6 personnes • Préparation : 25 min • Cuisson : 45 min

- 500 g de tomates concassées
- 1 pincée de cannelle en poudre
- 4 aubergines
- 3 oignons
- 3 gousses d'ail
- 1 kg d'épaule d'agneau désossée et hachée
- 4 feuilles de laurier
- 2 cuil. à café de double concentré de tomates
- 30 g de beurre demi-sel
- 1 l de lait entier
- 100 g de farine
- Une pincée de noix de muscade en poudre
- Huile d'olive
- Sel et poivre

1. Fais revenir les tomates concassées dans une poêle avec un filet d'huile d'olive. Assaisonne. Ajoute la cannelle. Laisse confire pendant une dizaine de minutes.
2. Coupe les aubergines en tranches de 1 centimètre d'épaisseur et badigeonne-les d'huile sur les deux faces.
3. Place-les dans une poêle bien chaude et fais-les griller jusqu'à obtenir une belle coloration de chaque côté. Dépose-les sur du papier absorbant puis sale-les.
4. Épluche et hache les oignons et l'ail puis fais-les revenir dans une poêle avec un filet d'huile.
5. Laisse griller un peu l'ail puis incorpore la viande hachée. Mélange bien et ajoute le laurier. Assaisonne et laisse la viande colorer. Ajoute la sauce tomate à la cannelle ainsi que le concentré de tomates avec un peu d'eau.
6. Préchauffe ton four à 190 °C (th. 6-7).
7. Dépose une couche de tranches d'aubergines grillées dans un grand plat à gratin. Ajoute une bonne couche de viande puis recouvre-la d'aubergines grillées.
8. Fais fondre le beurre dans une grande casserole, ajoute la farine et laisse cuire quelques minutes. Verse le lait réchauffé à la casserole et mélange vivement pour éviter les grumeaux.
9. Ajoute du sel, du poivre et la muscade. Verse la béchamel sur la moussaka et enfourne pour 10 minutes, jusqu'à ce qu'elle soit bien dorée.

J'ai l'impression de mettre de la crème solaire sur les bras et les cuisses des mômes, l'été !

LES MINI-CHEFS

Distribution de pinceaux aux petits chefs !

POUR NE PAS PLEURER, COMMENCE PAR LA VACUOLE. NON, CE N'EST PAS UNE MALADIE, C'EST LE CŒUR DE L'OIGNON ! PAS L'ORGANE, MAIS CE QUI POURRAIT S'APPARENTER AU GERME. C'EST LA PARTIE OÙ IL Y A LA PLUS GRANDE QUANTITÉ DE CONCENTRÉ SOUFRÉ ! C'EST PAS SORCIER, MAIS SI ÇA MARCHE TU PEUX M'APPELER JAMY !

C'EST UN PEU DIFFICILE AU DÉPART, MAIS ÇA VA TE FAIRE DES MUSCLES !

Tu peux proposer ce plat à ton bébé à partir de 6 mois en adaptant la taille des morceaux et la texture à ses capacités de mastication. Tu peux mixer les aubergines, les mouliner ou les laisser en morceaux !

Zoom nutrition

Riche en antioxydants, l'**aubergine** permet de lutter contre le vieillissement précoce. Génial, non ?

Lancashire hot pot (Grande-Bretagne)

À DIRE AVEC L'ACCENT ET UNE CUILLÈRE EN BOIS !

Pour 4 personnes • Préparation : 30 min • Cuisson : 2 h 40 min

- 900 g de collier d'agneau
- 2 gros oignons
- 900 g de pommes de terre
- 2 carottes
- 60 g de beurre
- 3 brins de thym
- 1 feuille de laurier
- 600 ml de fond de veau
- Sel, poivre

1. Préchauffe ton four à 190 °C (th. 6-7).
2. Dégraisse la viande et coupe-la en morceaux.
3. Épluche et émince les oignons. Épluche les pommes de terre et les carottes puis coupe-les en tranches fines.
4. Beurre un grand plat à gratin et disposes-y les ingrédients en couches successives en commençant par la viande, en ajoutant du sel, du poivre et du thym au fur et à mesure et en insérant la feuille de laurier au milieu du plat. Termine avec une couche régulière de pommes de terre, en faisant chevaucher les tranches.
5. Verse le fond de veau jusqu'au-dessous de la dernière couche de pommes de terre.
6. Dépose quelques morceaux de beurre dessus et couvre le plat avec un couvercle ou avec une feuille d'aluminium bien scellée sur les bords.
7. Enfourne pour environ 2 heures.
8. Ôte le couvercle ou retire l'aluminium et poursuis la cuisson 30 à 40 minutes, jusqu'à ce que le plat soit bien doré et croustillant et la viande complètement tendre.

C'est plus une recette, mais une liposuccion !

UN PEU COMME LORSQUE TU FAIS UNE COULEUR CHEZ LE COIFFEUR ?

L'astuce de la cheffe

Coupe tous les légumes à la même épaisseur pour permettre une cuisson bien homogène.

Tu peux proposer ce plat à ton bébé à partir de 1 an. Il est important de diversifier les viandes que tu lui fais goûter pour développer ses papilles !

Koulibiac au saumon (Russie)

Pour 6 personnes • Préparation : 15 min • Cuisson : 40 min

300 g de champignons des bois mélangés

1 échalote

50 ml de crème liquide

300 g de pousses d'épinards

150 g de riz basmati

6 œufs + 2 jaunes

500 g de pâte feuilletée

800 g de dos de saumon sans peau et sans arête

150 g de beurre

1 bouquet d'aneth

Le jus de 1 citron

Sel, poivre

1. Nettoie les champignons.
2. Épluche et émince l'échalote.
3. Fais revenir l'échalote dans une casserole avec 10 grammes de beurre. Ajoute les champignons et fais-les sauter 5 minutes en mélangeant de temps en temps. Verse la crème et sale un peu. Mixe par impulsions pour hacher les champignons grossièrement.
4. Ébouillante les épinards 1 minute dans de l'eau salée puis égoutte-les.
5. Fais cuire le riz comme indiqué sur le paquet et égoutte-le. Fais cuire les œufs entiers 9 minutes dans de l'eau. Écale-les et hache-les.
6. Préchauffe ton four à 200 °C (th. 6-7).
7. Étale la pâte (réserves-en un peu pour la déco) et coupe-la en 2 grands rectangles, l'un légèrement plus grand que l'autre. Dépose le plus petit sur une plaque de cuisson recouverte de papier sulfurisé.
8. Étale le riz dessus en laissant 4 centimètres libres au bord. Dépose en couches successives le saumon entier sans la peau, les champignons, les œufs hachés et les épinards. Recouvre avec le second rectangle et soude les bords en les pinçant. Dore le koulibiac avec les jaunes d'œufs battus avec un peu d'eau. Décore-le avec des motifs découpés dans le reste de la pâte et dore-le à nouveau.
9. Enfourne le tout pour 30 minutes.
10. Sers le koulibiac avec le beurre fondu à l'aneth.

À la brosse à dents ou au pinceau, tu mets tes enfants à la tâche 3 heures avant et t'es peinarde.

Tu peux proposer ce plat à ton bébé à partir de 1 an en adaptant la taille des morceaux et la texture à ses capacités de mastication. Retire la portion de saumon pour adapter la recette à ton bébé en fonction de son âge. Il est aussi possible de mixer les champignons et les épinards avec le saumon et de proposer le riz à côté. **Attention aux arêtes : prends plutôt un morceau de poisson dans la queue ou le dos.**

Tajine de poulet au citron (Maghreb)

Pour 4 personnes • Préparation : 15 min • Cuisson : 45 min

- **1 oignon**
- **1 gousse d'ail**
- **2 citrons confits**
- **4 cuisses de poulet (haut + pilon)**
- **1 cuil. à café d'un mélange de safran et de curcuma**
- **1 cuil. à café de poivre**
- **1 cuil. à café de gingembre en poudre**
- **1 cuil. à café d'un mélange de persil et de coriandre**
- **150 g d'olives vertes dénoyautées**
- **Le jus de ½ citron**
- **Huile d'olive**

1. Râpe l'oignon et l'ail.
2. Récupère la chair des citrons confits et mets-la dans le saladier avec les morceaux de poulet ainsi que l'oignon et l'ail râpés. Réserve la peau des citrons.
3. Ajoute les épices, le persil et la coriandre, malaxe avec les mains…
4. Fais chauffer un filet d'huile d'olive dans une cocotte pour faire dorer le poulet avec sa marinade pendant 10 minutes à feu moyen. Mouille à hauteur avec de l'eau, couvre et laisse cuire environ 30 minutes en mélangeant de temps à autre.
5. Ajoute les olives, 2 cuillerées à soupe d'eau et le jus de citron. Mélange, laisse cuire 2 ou 3 minutes supplémentaires et c'est prêt !
6. Dresse dans un plat à tajine ou dans un plat de service.
7. Arrose avec la sauce.
8. Taille la peau des citrons confits en julienne (fines lamelles) et dresse-les sur le poulet avec quelques olives.
9. Tu peux servir le tajine accompagné de semoule, pour apporter un féculent à la recette.

LÀ-DESSUS, TU L'ACHÈVES ! SURTOUT SI TU LA VERSES COMME SALT BAE. TU SAIS, LE « BOUCHER DES STARS » !

LES MINI-CHEFS

Mets-les à contribution : malaxer, quel bonheur !

REGARDE ENSUITE LES YEUX DE TON CONJOINT OU TA CONJOINTE QUI VOYAGE DÉJÀ RIEN QU'À SENTIR L'ODEUR SAVOUREUSE DE TON PLAT ! ET DIS-LUI AVEC ASSURANCE : « JE SUIS DESSUS DEPUIS HIER ! RECETTE TRÈS COMPLIQUÉE QUE J'AI APPRISE LORS D'UN VOYAGE CULINAIRE AU MAGHREB. NOUS NE SOMMES PLUS QUE QUATRE SUR TERRE À SAVOIR LA FAIRE, DONC DEMAIN, J'ATTENDS MIEUX DE TOI, TERMINÉES LES COQUILLETTES AU JAMBON ! »

Tu peux proposer ce tajine à ton bébé à partir de 8 mois en adaptant la taille des morceaux. Attention aux olives !

Tajine de légumes et pois chiches (Liban)

Pour 4 personnes • Préparation : 20 min • Cuisson : 1 h

- **6 brins de persil plat**
- **4 brins de menthe**
- **400 g de carottes**
- **200 g de topinambours**
- **300 g de céleri-rave**
- **200 g de pommes de terre à chair ferme**
- **30 g de raisins secs**
- **400 g de tomates concassées**
- **200 ml de bouillon de légumes**
- **400 g de pois chiches en conserve**
- **2 cuil. à soupe de ras el-hanout**
- **Le jus de 1 citron vert**
- **Huile d'olive**

1. Préchauffe ton four à 160 °C (th. 5-6).
2. Cisèle les herbes. Épluche et coupe tous les légumes et les pommes de terre en morceaux de 2 centimètres environ.
3. Fais revenir les légumes et les pommes de terre à feu moyen dans une cocotte, avec un bon filet d'huile. Ajoute les raisins secs et les tomates puis verse le bouillon et assaisonne. Couvre la cocotte et enfourne-la pour 45 minutes sur une grille au milieu du four.
4. Rince et égoutte les pois chiches. Mélange-les avec un filet d'huile et le ras el-hanout, verse la préparation dans la cocotte et poursuis la cuisson 15 minutes.
5. Sors la cocotte du four, ajoute les herbes et arrose le tout de quelques gouttes de jus de citron vert avant de servir.

LÀ, TU AS DU TEMPS DEVANT TOI ! JOUE UN PEU AVEC LES ENFANTS SI T'EN AS PAS EU L'OCCASION DANS LA JOURNÉE. C'EST DES MOMENTS PRÉCIEUX ET PARFOIS RARES ! ON S'OCCUPERA DU RESTE PLUS TARD.

Zoom nutrition

Le **céleri** est une excellente source de vitamines K, B et C et de minéraux ! À consommer cuit ou cru pour varier les plaisirs.

Tu peux proposer ce plat à ton bébé à partir de 6 mois, mixé, mouliné ou en morceaux, en adaptant la taille et la texture à ses capacités de mastication.

Bouneschlupp (Luxembourg)

Pour 4 personnes • Préparation : 10 min • Cuisson : 30 min

J'espère que la recette est plus facile à faire qu'à dire !

1 oignon

400 g de haricots verts

1 grosse pomme de terre

30 g de beurre

2 cuil. à soupe de farine

1,5 l de bouillon de légumes

1 feuille de laurier

2 saucisses mettwurst (ou saucisses de Morteau)

100 ml de crème liquide

2 cuil. à café de sarriette séchée

1. Épluche et hache finement l'oignon. Coupe les haricots verts en petits morceaux. Épluche la pomme de terre et taille-la en mirepoix (des cubes de 1 centimètre).
2. Fais fondre le beurre dans une grande casserole et fais revenir l'oignon pendant quelques minutes.
3. Ajoute la farine puis le bouillon de légumes, les haricots verts, les pommes de terre et le laurier. Porte à ébullition, couvre et laisse mijoter 10 minutes, jusqu'à ce que les légumes soient bien fondants.
4. Pendant ce temps, coupe les saucisses en tranches.
5. Au bout de 10 minutes, ajoute les tranches de mettwurst, la sarriette et fais cuire encore 5 minutes.
6. Incorpore la crème et laisse mijoter encore un peu.
7. Sers la soupe chaude !

Même le nom de la saucisse est compliqué à dire... Je me vois déjà chez le boucher : Je vais vous prendre deux saucisses *mettvur... merchrutte*... deux saucisses de Morteau, s'il vous plaît !

(Même à lire, c'est chaud, j'ai l'impression d'être dans MOTUS : CONSONNE ! CONSONNE ! ENCORE CONSONNE ! Tu le fais exprès, Céline ?)

PS : MÊME LA SAUCISSE, ELLE DOIT PAS SAVOIR ÉCRIRE SON NOM ! C'EST COMME SI JE M'APPELAIS « DANIELOUSCHA MARTINSCHTTE ». RIEN QU'À L'ÉCOLE, EN DICTÉE, TU METS TON NOM, T'AS DÉJÀ ZÉRO !

Tu peux proposer ce plat à ton bébé à partir de 6 mois en mixant ou moulinant les légumes. Tu peux aussi garder les morceaux en adaptant leur taille et leur texture à ses capacités de mastication.

Rougail saucisse (île de la Réunion)

Pour 4 personnes • Préparation : 15 min • Cuisson : 20 min

Elle n'a pas de nom chelou, cette saucisse, cool !

- 200 g de riz
- 4 saucisses fumées
- 1 oignon
- 1 grosse pincée de curcuma en poudre
- 2 gousses d'ail
- 10 g de gingembre frais
- 500 g de tomates concassées
- Huile d'olive
- Sel, poivre

1. Fais cuire le riz comme indiqué sur le paquet. Coupe les saucisses en rondelles de 1,5 centimètre d'épaisseur.
2. Épluche l'oignon et coupe-les en tranches fines.
3. Fais chauffer un filet d'huile dans une casserole. Ajoute l'oignon, les rondelles de saucisse et le curcuma. Laisse cuire 2 minutes à feu moyen en mélangeant.
4. Épluche et râpe l'ail et le gingembre au-dessus de la casserole.
5. Mélange de temps en temps et incorpore les tomates concassées. Ajoute un filet d'eau, si nécessaire, couvre et laisse cuire 15 minutes à feu moyen.
6. Sers le rougail saucisse avec le riz ; tu peux ajouter du piment pour épicer le plat !

ASTUCE OIGNON : POUR NE PAS PLEURER, FAIS ÇA SOUS LA HOTTE (SI TU EN AS UNE). LES PARTICULES IRRITANTES SERONT DIRECTEMENT ASPIRÉES… À CONDITION DE L'ALLUMER AU MAX… SINON ÇA SERT À RIEN.

LES MINI-CHEFS

Laisse les petits râper, ça va les éclater !

Zoom nutrition

La **saucisse fumée**, quel plaisir ! Mais à consommer avec modération, car c'est un aliment gras.

Tu peux proposer ce plat à ton bébé à partir de 1 an en adaptant la taille des morceaux et la texture à ses capacités de mastication. Attention à la saucisse, n'en propose pas si ton bébé n'est pas capable de la manger ! Et pense à retirer la peau… ainsi que le piment (ou pas) !

Céline De Sousa

Des recettes qui en jettent

Certains jours, j'ai vraiment envie de sortir le grand jeu, de mettre les petits plats dans les grands pour ma famille et de jouer la vraie cheffe.

SOS CÉLINE !
METS-MOI DES PAILLETTES
DANS CES RECETTES !

Le porridge des champions pour des papas formidables

Par Xavier Rousseau, chef de cuisine de l'équipe de France de football

Pour 4 personnes • Préparation : 15 min • Repos : 2 h

- **20 g de miel**
- **300 g de boisson végétale de ton choix**
- **30 g de flocons d'avoine**
- **50 g de graines de chia**
- **Quelques fraises**
- **Quelques framboises**
- **Quelques myrtilles**
- **Quelques groseilles**
- **Coulis de fruits de ton choix**

1. Xavier préconise de préparer ce dessert au minimum 2 heures à l'avance.
2. Mélange le miel avec la boisson végétale. Mélange les flocons d'avoine avec les graines de chia. Verse la boisson végétale sur les flocons d'avoine.
3. Laisse gonfler environ 1 heure 30 en mélangeant de temps en temps.
4. Répartis la préparation dans des petites verrines.
5. Coupe les fraises en deux ou en quatre selon leur grosseur et les autres fruits en deux. Verse un peu de coulis de fruits dans les verrines et dépose les fruits coupés harmonieusement dessus.

Le manger 2 heures après ? Je tiendrai pas !

RECULE DE 1 MÈTRE, CAR UNE RÉACTION CHIMIQUE VA SE PRODUIRE...

Ah beh non, finalement, ça gonfle mais en 1 heure 30, donc t'es pas vraiment en danger...

Je connais mes mômes... les trois quarts du porridge vont finir sur la table.

LES MiNi-CHEFS

Ils seront contents de préparer une petite collation de champion à leur papounet !

L'astuce de la cheffe

Tu peux adapter cette recette avec n'importe quel fruit en fonction des saisons ! Ce n'est pas chouette, ça ?

La ratatouille du chef Rémy

Par Ludovic Mallac, chef exécutif des restaurants Disneyland Paris

Pour 6 personnes • Préparation : 15 min • Cuisson : 45 min

- 3 courgettes
- 1 aubergine
- 1 grosse tomate
- 1 poivron jaune
- 3 gros oignons blancs
- 4 gousses d'ail
- 1 bouquet garni (thym, romarin, laurier)
- 1 belle pincée de paprika doux en poudre
- 2 belles pincées de curcuma en poudre
- 1 brin de thym
- 1 bouquet de ciboulette fraîche
- Huile d'olive
- 1 cuillère à soupe de miel de fleur
- Sel fin

1. Coupe les légumes en dés en réservant 1 courgette. Épluche 1 oignon et coupe-le en dés. Écrase et hache finement l'ail.
2. Fais revenir les courgettes 3 minutes dans de l'huile avec le bouquet garni. Ajoute le poivron puis l'aubergine 3 minutes après. Ajoute le paprika et laisse bien caraméliser.
3. Incorpore la tomate et sale. Au bout de 2 minutes, ajoute le curcuma et mélange bien. Couvre et laisse revenir à feu doux.
4. Préchauffe ton four à 180 °C (th. 6).
5. Taille la troisième courgette en fines lamelles dans la longueur à l'aide d'une mandoline ou d'un rasoir à légumes.
6. Chemise un moule (rond de préférence) de tranches de courgette en commençant par le milieu : il faut que les lanières dépassent du moule pour pouvoir se refermer dessus.
7. Répète ce geste jusqu'à ce que le fond disparaisse et qu'une belle rosace se forme. Remplis-la de ratatouille cuite, sans mettre trop de sauce, jusqu'au bord et replie délicatement les lamelles de courgette.
8. Enfourne pour 10 minutes pour faire cuire la courgette et réchauffer la ratatouille.
9. Émince finement les deux derniers oignons et fais-les revenir dans une poêle avec de l'huile et le thym pendant 4 ou 5 minutes. Ajoute le miel et 1 pincée de sel. Laisse caraméliser et retire du feu.
10. Pour dresser, retourne délicatement la ratatouille dans une assiette à bord haut. Ajoute tes oignons caramélisés en dôme pour donner un peu de volume et décore le tout avec de la ciboulette.

Chemise... lanière... c'est plus une recette, c'est la Fashion Week !

L'astuce de la cheffe

Tu peux servir cette ratatouille avec un poisson juste poêlé ou d'une viande grillée selon les goûts de ta famille. Euh, non...

Tu peux proposer ce plat à toute la famille dès 6 mois en adaptant la quantité et la texture de la viande ou du poisson que tu vas servir avec.

Pain à la carotte

Par Sylvain Herviaux, Meilleur Ouvrier de France en boulangerie

Pour 8 à 10 petits pains • Préparation : 20 min • Repos : 16 h • Cuisson : 45 min

- **500 g de purée de carotte (lisse)**
- **100 g de lait**
- **50 g de beurre doux**
- **2 g de levure de boulanger**
- **1 g de sel fin**
- **1 kg de farine T55**

1. Mélange tous les ingrédients sauf la farine avec 380 grammes d'eau. Ajoute-la une fois que le sel s'est totalement dissous dans la préparation.

Toi, on ne te roule pas dedans, hein ? Oui, j'me concentre, déso...

2. Laisse reposer 15 heures au frais. Oui ! bah c'est une recette de boulangerie ! et qui dit levure dit... patience !

3. Mais pendant ce temps, tu vas quand même devoir bosser ! Au bout de 1 heure, tu pétris ta pâte et tu la laisses reposer. Au bout des 15 heures, tu façonnes tes petits pâtons en forme de boule et tu les aplatis légèrement. Tu laisses pousser encore 1 heure puis tu fais des petites entailles pour dessiner la carotte.

Mon chéri le fera... il le fait déjà tous les étés à la plage !

4. Fais-les cuire 45 minutes à 240 °C (th. 8) « à four tombant ». Cela ne veut pas dire que tu dois faire tomber ton four pendant la cuisson, mais que tu dois préchauffer ton four à 240 °C et qu'une fois qu'il a atteint cette température, tu enfournes le pain et tu ÉTEINS le four. Le pain va cuire dans le four éteint, la température diminue et hop ! ça cuit doucement.

D'OÙ L'EXPRESSION : SE PRENDRE UN FOUR ?

L'astuce de la cheffe

Tu peux aussi changer de purée en fonction des saisons ! Ton petit pain peut être rose avec de la betterave, vert avec des épinards ou jaune avec du maïs !

Tu peux faire goûter ce pain à tous les membres de la famille, dès 8 mois si ton bébé est capable de manger des morceaux !

Paris-Brest

Nicolas Crenier, chef pâtissier, pâtisserie Dugourd et Crenier (Nice et Paris)

Pour 6 à 8 personnes • Préparation : 70 min • Cuisson : 30 min

Le craquelin

40 g de beurre

50 g de cassonade

50 g de farine

La pâte à choux

125 g d'eau

60 g de beurre

1 pincée de sucre

1 pincée de sel

80 g de farine tamisée

125 g d'œufs

La crème mousseline pralinée

10 g de farine

10 g de Maïzena®

2 jaunes d'œufs

50 g de sucre

250 g de lait

1 gousse de vanille

150 g de beurre

75 g de praliné

L'insert praliné

100 g de praliné dans une poche à douille

La finition

Sucre glace

Le craquelin

1. Transforme ton beurre en pommade en le laissant ramollir à température ambiante et mélange-le aux autres ingrédients afin d'obtenir une texture homogène puis étale-le au rouleau entre deux feuilles de papier sulfurisé. Dépose le tout au froid pendant 1 heure minimum pour que le beurre redurcisse un peu.
2. Taille ton craquelin selon la forme de tes choux. Surtout REMETS-LE au FROID pour que le beurre durcisse !

La pâte à choux

1. Mets l'eau, le beurre, le sucre et le sel à chauffer. Hors du feu, verse la farine et forme ta panade ! Mélange bien l'ensemble avec une spatule rigide.
2. Remets sur le feu et continue de remuer vigoureusement pendant 1 minute, pour faire évaporer une partie de l'eau et dessécher ta pâte.
3. Transvase la pâte dans un saladier et incorpore en 3 fois les œufs battus en omelette.
4. Ajoute de l'œuf si besoin pour rendre la texture plus souple.
5. À l'aide d'une poche à douille, poche tes choux en forme de cercle et dépose ton disque de craquelin dessus. Enfourne 20 min à 160 °C.

La crème mousseline pralinée

1. Tamise la farine et la Maïzena®. Dans un saladier, fouette les jaunes d'œufs et le sucre.
2. Fends la gousse de vanille en deux et gratte-la avec la pointe d'un couteau pour en récupérer les graines. Ajoute dans les jaunes d'œufs les graines de vanille et le mélange farine-Maïzena® et mélange bien !
3. Fais bouillir le lait avec la gousse de vanille fendue et grattée.
4. Verse 1/3 du lait dans les jaunes d'œufs en fouettant bien. Reverse le mélange dans la casserole de lait et fais cuire à feu moyen en remuant jusqu'à ce que ça épaississe.
5. Laisse refroidir la crème dans un plat à température ambiante.
6. Dans le bol du robot, fouette le beurre pommade et ajoute le praliné.
7. Mélange la crème pâtissière refroidie et verse-la dans le bol du robot. Fouette fort pour la faire monter.
8. Verse la crème mousseline dans une poche à douille.

Dressage

1. Découpe le haut de la couronne des choux. Insère le praliné au fond, puis poche la crème mousseline.
2. Referme avec les chapeaux les choux et saupoudre-les de sucre glace.
3. Réserve le Paris-Brest au réfrigérateur et sors-le 10 minutes avant la dégustation.

Des sushis qui claquent

Par Éric Ticana, fondateur de l'équipe de France de sushis, vice-champion du monde

Pour 4 personnes • Préparation : 15 min • Cuisson : 20 min

2 avocats mûrs
½ oignon rouge
1 gousse d'ail
Le jus de 1 citron vert
¼ de bouquet de coriandre
100 g de riz à sushis
25 ml de vinaigre à sushis
100 g de saumon
Fleur de sel, poivre du moulin

1. Prépare le guacamole : écrase la chair des avocats avec l'oignon finement haché, la gousse d'ail pressée et le jus de citron. Ajoute la coriandre ciselée et assaisonne.
2. Réserve au frais. Pour éviter l'oxydation, filme le guacamole au contact pour bloquer l'air et recouvre-le d'aluminium pour bloquer la lumière.
3. Fais cuire le riz comme indiqué sur le paquet, puis ajoute le vinaigre.
4. Coupe le saumon en fines tranches d'environ 20 g.
5. Pour le montage, rien de plus simple ! Tu fais 1 boule de riz un peu ovale avec tes doigts, tu déposes 1 lamelle de saumon dessus et tu ajoutes 1 pointe de guacamole pour plus de gourmandise.

On dirait une mission de MISSION : IMPOSSIBLE !

Tu en fais une, tu la pèses et tu réitères si c'est OK pour le poids… BONNE CHANCE !

Je tiendrai jamais… je sais que je vais en manger 1 sur 2 en les faisant !

AH OUAIS ? MOI, J'UTILISE DES BAGUETTES… AH ! SORRY, J'AVAIS PAS CAPTÉ LA PHRASE. IL EST TEMPS DE CHANGER NOS VIEILLES ET MAUVAISES HABITUDES !

L'astuce de la cheffe

Pour manger les sushis, les Japonais n'utilisent pas de sauce soja sucrée ou salée mais de la sauce teriyaki !

Tu peux proposer des sushis ton bébé à partir de 1 an mais attention, le poisson doit être cuit et très bien cuit ! Jamais de poisson cru avant 5 ans.

Volaille, purée de brocoli et mousse au maïs

Par Ange Lelievre, chef de cuisine du Four seasons George V

Pour 4 personnes • Préparation : 30 min • Cuisson : 30 min

400 g de blanc de volaille

600 g de crème liquide

150 g de champignons

Le zeste de ½ citron jaune

250 g de maïs en conserve

40 g de beurre

2 têtes de brocoli

Huile d'olive

Sel, poivre

1. Mixe 100 g de blanc de volaille avec 100 g de crème et assaisonne.
2. Coupe les champignons en petits morceaux et fais-les sauter dans une poêle avec un filet d'huile. Laisse-les refroidir avant de les incorporer à la farce avec le zeste de citron. Mélange et rectifie l'assaisonnement.
3. Égoutte le maïs mais garde le liquide. Fais-le revenir avec le beurre sans le laisser colorer. Ajoute le liquide et 500 g de crème, puis porte le tout à ébullition. Mixe finement au blender et passe à la passette avant de mettre la crème dans le siphon et de percuter une cartouche de gaz (si tu n'as pas de siphon, fais de la mousse avec ton mixer avant de servir : tu mets ton mixeur en marche sur la surface de ta sauce et ça fera de la mousse !).

TOUS AUX ABRIS !

4. Sépare les sommités des brocolis et fais-les cuire dans une casserole d'eau bouillante salée. Mixe-les ou écrase-les à la fourchette en fonction de la texture souhaitée.
5. Coupe le reste des blancs de volaille dans la longueur et aplatis-les entre deux feuilles de papier sulfurisé. Assaisonne.
6. Pose les filets sur une feuille de film alimentaire et dispose la farce à l'intérieur, dans la longueur, puis roule-les jusqu'à obtenir un boudin uniforme. Fais 2 ou 3 tours dans le film et noue les extrémités. Poche le boudin dans une casserole d'eau frémissante pendant 20 minutes.
7. Déballe le boudin de volaille et coupe-le en 4 tranches épaisses. Dispose-les dans 4 assiettes plates, sur la purée de brocoli. Ajoute la mousse de maïs au siphon autour et sers tout de suite !

Tu peux proposer ce plat à ton bébé dès 6 mois en adaptant la quantité et la texture des protéines en fonction de son âge. Sers le brocoli en purée, ou écrase-le à la fourchette pour plus de texture !

Bar farci en croûte de sel

Guillaume Gomez, Meilleur Ouvrier de France, représentant du personnel présidentiel pour la gastronomie et l'alimentation

Pour 6 personnes • Préparation : 20 min • Cuisson : 35 min • Repos : 10 min

1 gros bar de 2 kg (ouvert « en portefeuille »)

Beurre

Sel, poivre

Pour la farce

6 bulbes de fenouil

2 branches de céleri

2 gros oignons

2 échalotes

4 ou 5 brins de persil plat

100 g d'olives noires à la grecque

Huile d'olive

Pour la croûte de sel

3 kg de sel fin

50 g d'herbes de Provence

3 blancs d'œufs

1. Épluche les fenouils, le céleri, les oignons et les échalotes. Ôte les cœurs des fenouils et émince-les finement. Émince le céleri, les oignons et les échalotes. Cisèle le persil. Dénoyaute et concasse les olives.
2. Fais revenir les fenouils, les oignons et les échalotes à feu doux avec un peu d'huile.
3. Couvre et laisse cuire en mélangeant régulièrement. Incorpore en fin de cuisson les olives, les feuilles de céleri ciselées et le persil. Assaisonne et réserve au frais.
4. Poivre l'intérieur du bar et garnis-le de farce.
5. Referme-le en maintenant bien la farce à l'intérieur et réserve-le au frais.
6. Préchauffe ton four à 210 °C (th. 7).
7. Prépare la croûte de sel : mélange le sel, les herbes de Provence et les blancs d'œufs.
8. Détends la préparation avec un tout petit peu d'eau froide. Étale cette pâte sur une feuille de papier sulfurisé sur la longueur du bar. Dépose-le dessus et enveloppe-le de sel.
9. Enfourne pour 25 minutes, puis laisse reposer au moins 10 minutes avant de casser la croûte au sens propre comme au figuré ! Pour cela, ouvre la croûte délicatement, incise la peau du poisson au niveau de la queue et retire-la.

LE MOT « FENOUIL », IL ME FAIT TROP RIRE : SI TU NE TE SENS PAS BIEN, TU TE RÉPÈTES « FENOUIL » 10 FOIS, TU VAS TOUT DE SUITE MIEUX !

Remplir le bar, tous les mecs devraient y arriver !

L'astuce de la cheffe

Tu peux remplacer le bar par une belle daurade, il faudra simplement faire attention à la cuisson ! Le bar en croûte peut être mangé chaud ou froid avec une petite sauce vierge et une belle salade verte.

Attends que ton bébé ait 1 an avant de lui proposer un petit morceau de ce plat !

Tartare de daurade au citron vert et à la fraise

Sonia Bichet, Meilleur Ouvrier de France poissonnier-écailler 2023

Pour 4 personnes • Préparation : 15 min • Cuisson : 30 min

- 4 filets de daurade (sans peau et sans arêtes)
- 250 g de fraises
- Pignons de pin
- 1 botte de basilic
- Le jus de 1 citron vert
- Le zeste de 2 citrons verts
- Huile d'olive
- Sel, poivre de timut

1. Coupe les filets de daurade et les fraises en dés. Hache grossièrement les pignons. Mélange le tout délicatement.
2. Ajoute le basilic ciselé. Assaisonne.
3. Ajoute le jus et le zeste de citron et un filet d'huile.
4. Mélange le tout très délicatement et réserve au frais.
5. À l'aide d'un emporte-pièce, dispose le tartare au centre des assiettes et décore-le de morceaux de fraises fraîches, de zeste de citron et de feuilles de basilic.

IMPORTANT, CAR Y A DES ZESTES QUI NE TROMPENT PAS ! PARDON...

Zoom nutrition

Grâce à ce tartare de **daurade**, tu fais le plein de protéines, de vitamines B_9 et d'oméga 3 pour un cœur au top !

Le tartare est réservé aux adultes !

Pavés de lieu au risotto

Par Olivier Chaput, chef de cuisine et fondateur de l'association *Les enfants cuisinent*

Pour 6 personnes • Préparation : 15 min • Cuisson : 25 min

- 1 botte d'aneth
- 1 botte de persil
- 50 g de chapelure
- 50 g de poudre de noisettes
- 50 g de beurre
- Le jus de 1 citron
- 4 pavés de lieu noir
- 1 oignon
- 100 ml de vin blanc (ou 100 ml d'eau + 2 cuil. à soupe de jus de citron)
- 200 g de pleurotes
- 240 g de riz rond à risotto
- 750 ml de bouillon de volaille ou de légumes
- 50 g de mascarpone
- Sel, poivre

1. Cisèle les herbes et mélange-les avec la chapelure et la poudre de noisettes.
2. Ajoute le beurre mou et mélange bien à l'aide d'une spatule jusqu'à obtenir une pâte homogène. Incorpore le jus de citron.
3. Étale la pâte sur 5 mm d'épaisseur entre deux feuilles de papier sulfurisé et réserve-la au frais pour que le beurre redurcisse.
4. Place les pavés de lieu dans une poêle antiadhésive bien chaude, peau vers le bas. Laisse-les cuire à l'unilatérale, c'est-à-dire d'un seul côté. Réserve-les dans un plat allant au four.
5. Préchauffe ton four à 180 °C (th. 6).
6. Coupe des carrés ou des rectangles de croûte d'herbes de la taille des pavés et dépose-les sur le poisson. Enfourne pour 8 minutes avant de passer à table.
7. Avant cela, prépare le risotto : épluche et cisèle finement l'oignon. Émince les champignons.
8. Verse le vin dans une grande casserole. Ajoute les oignons et fais réduire le vin presque à sec. Ajoute les pleurotes, fais-les revenir légèrement et incorpore le riz. Une fois qu'il est légèrement translucide, verse 1 ou 2 louches de bouillon dessus. Laisse mijoter à feu doux jusqu'à ce qu'il ait absorbé tout le liquide, en mélangeant de temps en temps. Répète l'opération jusqu'à avoir utilisé tout le bouillon.
9. En fin de cuisson et selon la texture du riz souhaitée, incorpore délicatement le mascarpone.
10. Ajuste l'assaisonnement si nécessaire. Sers les pavés de lieu en croûte et le risotto dans de jolies assiettes creuses.

MASCARPONE, J'ADORE ! JE M'IMAGINE BIEN M'APPELER COMME ÇA DANS UN FILM COMME LE PARRAIN : DANI MASCARPONE !

Tu peux proposer ce plat à ton bébé à partir de 1 an en adaptant la texture et la taille des morceaux à ses capacités de mastication.

Velouté de maïs doux, lard crispy et pop-corn

Par Benjamin Masson, chef de cuisine de La Rotonde de la Muette

Pour 4 personnes • Préparation : 15 min • Cuisson : 30 min

- **400 g de maïs cuit en conserve**
- **500 ml de lait entier ou de boisson végétale**
- **200 ml de crème liquide ou de crème de coco**
- **20 tranches de lard fumé ou de cubes de tofu fumé**
- **Maïs à pop-corn**
- **Paprika**
- **Sel, poivre**

Des tranches, hein ? Parce que des « tronches » de lard, j'en connais un paquet... Ça pourrait être l'occasion de m'en débarrasser !

1. Préchauffe ton four à 180 °C (th. 6).

2. Égoutte le maïs cuit. Verse-le dans une casserole avec le lait et la crème puis laisse cuire à feu doux pendant 20 minutes. Mixe bien finement au blender et ajuste l'assaisonnement. Attention à ne pas trop saler, car le lard va apporter sa contribution ! Si le velouté est trop épais, tu peux ajouter un peu de lait ou de crème.

3. Étale les tranches de lard sur une plaque de cuisson chemisée de papier sulfurisé et enfourne le tout pour 8 minutes. Une fois qu'elles sont cuites, concasse-les grossièrement.

4. Verse un filet d'huile dans une poêle, verses-y les grains de maïs à pop-corn et laisse-les cuire à feu doux et à couvert pendant quelques minutes.

5. Parsème-les de paprika et, si tu en as fait beaucoup, parsèmes-en une partie de sucre pour le dessert !

6. Répartis le velouté dans 4 assiettes creuses puis saupoudre-le de pop-corn et de lard crispy !

PRENDS LA QUANTITÉ DE MAÏS À POP CORN QUE TU VEUX. AU PIRE TU POURRAS GRIGNOTER LE RESTE DEVANT UN BON FILM !

DÉFOULE-TOI, QUOI !

LES MINI-CHEFS

Il vont adorer voir éclater le maïs quand il se transformera en pop-corn !

Tu peux proposer ce velouté à ton bébé dès 6 mois, sans le lard et sans le pop-corn, bien évidemment ! Ne sale pas trop non plus le velouté...

Moins de sucre pour mes p'tits choux

Attention, tu as le droit de t'amuser en pâtisserie, mais ne verse pas de sucre sur tes choux. Après, ça colle et il faut tout nettoyer ! On a déjà assez de charge mentale, non ?

SOS CÉLINE !
COMMENT J'ADAPTE LES DESSERTS
POUR ALLÉGER LES QUANTITÉS DE SUCRE
ET QUE ÇA RESTE SA-VOU-REUX ?

Carrot cake

Pour 6 à 8 personnes • Préparation : 20 min • Cuisson : 45 min • Repos : 1 h

180 g de carottes
3 œufs
150 g de sucre roux
1 pincée de sel
1 cuil. à café d'arôme de vanille liquide
1 cuil. à café rase de cannelle en poudre
250 g de farine
1 sachet de levure chimique
100 ml d'huile de tournesol
120 g de Philadelphia®
20 g de beurre
60 g de sucre glace
2 cuil. à café de jus de citron

1. Préchauffe ton four à 180 °C (th. 6).
2. Épluche et râpe les carottes (tu peux aussi les acheter déjà râpées).
3. Fouette les œufs avec le sucre jusqu'à ce que le mélange devienne mousseux et double de volume.
4. Ajoute le sel, la vanille et la cannelle, puis continue de fouetter quelques minutes, si tu es courageuse !
5. Incorpore la farine et la levure, sans fouetter sinon tu vas en mettre partout ! Mélange énergiquement mais délicatement pour ne pas faire de grumeaux.
6. Ajoute l'huile. Mélange une dernière fois pour avoir une pâte homogène.
7. Pour finir, incorpore délicatement les carottes râpées avec une maryse.
8. Beurre ton moule à cake ou fais-le faire par les enfants et verse la pâte dedans.
9. Enfourne pour 40 à 45 minutes : vérifie la cuisson au bout de 40 minutes et prolonge-la si besoin. À la sortie du four, démoule le cake et laisse-le refroidir sur une grille.
10. Mélange le Philadelphia®, le beurre mou, le sucre glace et le jus de citron. Fouette énergiquement jusqu'à ce que la préparation soit homogène. S'il y a des grumeaux, mixe-la avec un mixeur plongeant jusqu'à obtenir un beau glaçage lisse. Réserve-le 1 heure au réfrigérateur.
11. Place le cake refroidi sur un plat de service et recouvre-le de glaçage.

SI UN MEMBRE DE LA FAMILLE ME DIT QU'IL EN A RIEN À SECOUER DE MON CARROT CAKE, JE LUI FERAI LIRE LA RECETTE ! ON NE FAIT QUE ÇA !

Je peux me glacer les bras aussi ?

L'astuce de la cheffe

Plus longtemps tu laisseras le cake au réfrigérateur, plus le glaçage durcira. À toi de voir si tu veux un glaçage fondant ou plutôt croquant…

Tu peux proposer ce cake à ton bébé à partir de 1 an sans le glaçage, en adaptant la taille des morceaux à ses capacités oromotrices. Tu peux couper 1 tranche de cake en petits morceaux ou en quatre pour une bonne prise en main, si tu pratiques la DME. Tu peux aussi le proposer en bouillie dans un bol de lait adapté à ton bébé.

Cake de Hulk

Pour 8 à 10 personnes • Préparation : 30 min • Cuisson : 1 h

- 365 g de courgettes
- 50 g de beurre
- 100 g de sucre
- 2 œufs
- 170 g de chocolat blanc
- 120 g de poudre de noix de Grenoble
- 285 g de farine
- 1 pincée de sel
- 1 sachet de levure chimique

1. Préchauffe ton four à 210 °C (th. 7).
2. Beurre et farine le moule à cake (mets 1 noix de beurre dans du papier absorbant et frotte-la sur toute la surface intérieure du récipient).
3. Verse une bonne quantité de farine au fond du moule, secoue-le pour la répartir partout afin de recouvrir le fond et les parois, et retire l'excédent.
4. Râpe les courgettes après avoir ôté le cœur, qui contient trop d'eau et surtout des petits pépins !
5. Mélange le beurre, le sucre et les œufs jusqu'à obtenir une pâte bien lisse et homogène.
6. Fais fondre le chocolat au bain-marie (ou au micro-ondes, en position décongélation, si tu es impatiente) et incorpore-le à la pâte.
7. Ajoute les courgettes, la poudre de noix, la farine, le sel et la levure. Mélange délicatement mais avec de l'énergie quand même ! Verse la pâte dans le moule et enfourne le tout pour 1 heure.

Je suis surtout impatiente de manger le chocolat !

L'astuce de la cheffe

Dans cette recette, la courgette remplace une grosse partie du beurre ! Mais d'autres ingrédients peuvent le remplacer comme la compote de pommes, la banane, l'avocat ou la purée d'amandes…

Tu peux proposer ce cake à ton bébé à partir de 1 an s'il n'est pas allergique aux fruits à coque comme les noix, et en adaptant la taille des morceaux. Tu peux couper 1 tranche de cake en petits morceaux ou en quatre pour une bonne prise en main, si tu pratiques la DME. Tu peux aussi le proposer en bouillie dans un bol de lait adapté à ton bébé.

Semoule au lait à la vanille

Pour 4 à 6 personnes • Préparation : 5 min • Cuisson : 10 min

500 ml de lait entier

1 gousse de vanille

50 g de miel

50 g de semoule extrafine

1. Porte le lait à ébullition dans une casserole avec la gousse de vanille fendue et grattée puis ajoute le miel.
2. À feu doux, verse la semoule en pluie en mélangeant à la spatule jusqu'à ce que la préparation épaississe légèrement.
3. Répartis la semoule à la vanille dans 4 à 6 petits ramequins et déguste-la tiède ou froide !

Je sors le parapluie ?

Woh, celle-là est simple et efficace ! J'ACHÈÈÈTE !

Zoom nutrition

La **semoule** est un peu l'oubliée des desserts alors qu'elle est une excellente source de glucides, de vitamine B, de fer, de potassium, de magnésium et de zinc !

Tu peux proposer ce dessert à ton bébé à partir de 8 mois en fonction de ses capacités de mastication. Adapte le repas que tu vas lui servir avant, car il est assez consistant ! **Attention, pas de miel avant 1 an (et pour les bébés, il doit être pasteurisé) : remplace-le par de la compote de pommes.**

Tartelettes au chocolat

J'avais lu « tartiflette au chocolat »...

Pour 8 à 10 tartelettes • Préparation : 15 min • Cuisson : 20 min • Repos : 3 h

300 g de farine

110 g de sucre glace

180 g de beurre demi-sel

1 œuf

350 g de chocolat (au lait ou noir, comme tu aimes)

280 g de crème liquide entière

1. Tamise la farine et le sucre dans un saladier, ajoute le beurre et l'œuf puis malaxe avec les mains jusqu'à obtenir une belle boule.
2. Emballe la pâte de film alimentaire et réserve-la 30 minutes au réfrigérateur.

OUI, CHEFFE !

3. Beurre les moules ou les cercles à tartelette et pose-les sur une plaque chemisée de papier sulfurisé (si tu utilises des cercles).

Tout de suite, cheffe !

4. Farine ton plan de travail. Puis étale la pâte au rouleau sur 2 mm d'épaisseur. Découpes-y des cercles un peu plus grands que les moules. Fonce-les et découpe le surplus en passant le rouleau sur la surface. Pique les fonds avec une fourchette.

J'AI RIEN COMPRIS, CHEFFE ! MAIS JE VAIS RELIRE LA PHRASE, CHEFFE !

LES MINI-CH

Laisse-les fariner, pour une fois qu'ils peuvent salir et que cela fait partie de la recette...

5. Réserve les fonds de tarte 30 minutes au réfrigérateur car le beurre a trop travaillé et la cuisson ne sera pas homogène si tu les enfournes tout de suite.
6. Préchauffe ton four à 180 °C (th. 6) et enfourne les fonds de tarte pour 15 minutes (la pâte doit être légèrement dorée). Laisse-les refroidir puis démoule-les et pose-les sur une grille.

C'EST FAIT, CHEFFE !

7. Hache grossièrement le chocolat et dépose-le dans un saladier. Fais frémir la crème dans une petite casserole. Quand elle bout, verse-la sur le chocolat et mélange délicatement au fouet.
8. Verse la ganache sur les fonds de tarte refroidis et place les tartelettes au réfrigérateur 2 heures minimum.

Tu peux proposer ces tartelettes à ton bébé à partir de 1 an en adaptant la taille des morceaux et la texture à ses capacités de mastication ! Tu peux aussi les écraser dans un bol de lait tiède adapté à ton bébé.

Gâteau roulé à la fraise

Pour 6 à 8 personnes • Préparation : 20 min • Cuisson : 10 min

150 g de gariguettes ou de fraises des bois

4 œufs

100 g de sucre en poudre

100 g de farine

½ sachet de levure chimique

250 g de mascarpone

100 ml de crème liquide

1 gousse de vanille

1 sachet de sucre vanillé

2 ou 3 cuil. à soupe de confiture de fraises

1. Préchauffe ton four à 180 °C (th. 6).
2. Équeute les fraises et coupe-les en morceaux.
3. Clarifie les œufs (sépare les jaunes des blancs).
4. Fouette les jaunes avec le sucre jusqu'à ce que le mélange blanchisse. Incorpore la farine et la levure. Mélange vigoureusement. Monte les blancs en neige et incorpore-les délicatement à la préparation avec une spatule.
5. Étale la pâte sur une plaque chemisée de papier sulfurisé et enfourne le tout pour 10 minutes.
6. À la sortie du four, retourne le biscuit sur un torchon humide et enroule-le sur lui-même avec le torchon, puis emballe le tout dans du film alimentaire. Laisse refroidir.
7. Verse le mascarpone et la crème bien froide dans un saladier, ajoute la pulpe de la gousse de vanille fendue et grattée, puis fouette le tout pendant quelques minutes afin d'obtenir un mélange homogène. Elle doit être légère mais ferme. Ajoute le sucre vanillé et fouette à nouveau.
8. Une fois le biscuit refroidi, déballe-le et déroule-le. Badigeonne-le d'une fine couche de confiture puis étale une belle couche de crème dessus et parsème-le de morceaux de fraise. Roule le biscuit dans le sens de la longueur et serre bien.
9. Étale le reste de la crème sur le dessus du roulé et décore-le avec le reste des fraises… s'il en reste !
10. Réserve au frais jusqu'au moment de servir.

Manges-en 1 sur 2… Non ? OK…

JE LE SAVAIS… (PAS DU TOUT, CÉLINE !)

Oups ! J'avoue… y en a plus, on a déjà tout mangé !

Tu peux proposer ce roulé à ton bébé à partir de 1 an en adaptant la taille des morceaux et la texture à ses capacités de mastication.

Fondant au chocolat et à l'avocat

Pour 8 à 10 personnes • Préparation : 20 min • Cuisson : 25 min

200 g de chocolat

1 gros avocat bien mûr (160-200 g de chair)

4 œufs

125 g de sucre

3 cuil. à soupe bien bombées de farine

1. Préchauffe ton four à 180 °C (th. 6).
2. Coupe le chocolat en morceaux et fais-le fondre au bain-marie (ou au micro-ondes en position décongélation).
3. Épluche et dénoyaute l'avocat puis mixe-le finement.
4. Fouette les œufs et le sucre jusqu'à ce que le mélange soit mousseux.
5. Ajoute la farine et mélange à nouveau vigoureusement.
6. Incorpore délicatement le chocolat fondu au fouet.
7. Ajoute la purée d'avocat et fouette de nouveau afin d'obtenir une préparation homogène.
8. Verse la pâte dans un moule en silicone ou un moule à gâteau beurré et fariné puis enfourne le tout pour 25 minutes environ.
9. Ce gâteau est très fondant, alors attention au démoulage !

C'est comme en justice, la base, c'est de choisir un bon avocat. T'as un conseil, Céline ?

Si l'avocat a perdu son pédoncule, il est trop mûr ! La bonne couleur c'est entre le vert et le marron.

L'astuce de la cheffe

Si tu utilises un moule en silicone, assure-toi qu'il est de bonne qualité, car certains peuvent libérer des substances toxiques ! Prends soin de toi !

Tu peux proposer ce fondant à ton bébé à partir de 1 an en adaptant la taille des morceaux à ses capacités de mastication.

Cookies

Pour 15 à 20 cookies • Préparation : 20 min • Repos : 30 min • Cuisson : 10 min

175 g de beurre
120 g de sucre roux
120 g de sucre
1 œuf
300 g de farine
6 g de levure chimique
190 g de chocolat au lait
190 g de chocolat noir

1. Fouette le beurre pommade avec le sucre jusqu'à ce que la préparation soit homogène.
2. Ajoute l'œuf et mélange à nouveau. Incorpore la farine et la levure puis mélange encore.
3. Coupe le chocolat en morceaux.
4. Incorpore-le à la préparation et mélange encore.
5. Dépose ta pâte sur une feuille de cellophane pour la protéger et forme 1 ou 2 boudins. Réserve-les 20 à 30 minutes au congélateur.
6. Préchauffe ton four à 170 °C (th. 6-7).
7. Coupe les boudins en tranches de 1 centimètre d'épaisseur. Place-les en quinconce sur une plaque recouverte d'une feuille de silicone ou chemisée de papier sulfurisé.
8. Enfourne pour 10 minutes, pas plus : les cookies doivent être un peu mous à la sortie du four.

J'EN MANGE UN P'TIT PEU POUR ÊTRE SÛRE QU'IL EST BON ?

Pas de vanne là-dessus, promis !

Zoom nutrition

Le **chocolat**, c'est le champion du magnésium ! Alors pourquoi se priver de cet anti-stress si délicieux ?

Tu peux proposer ces cookies à ton bébé à partir de 1 an en adaptant la taille des morceaux et la texture à ses capacités de mastication.

Gâteau à la betterave

Pour 8 à 10 personnes • Préparation : 30 min • Cuisson : 30 min

250 g de betterave crue
80 g de sucre de coco
80 g de cassonade
180 ml d'huile de tournesol
2 œufs
150 g de farine
1 sachet de levure
1 cuil. à café de cannelle
1 gousse de vanille
1 pincée de sel

1. Préchauffe ton four à 180 °C (th. 6).
2. Chemise le moule de papier sulfurisé.
3. Épluche et râpe la betterave puis essore-la dans du papier absorbant.
4. Mélange le sucre et l'huile. Incorpore les œufs un à un en fouettant bien.
5. Dans un autre saladier, mélange la farine, la levure, la cannelle, la pulpe de la gousse de vanille fendue et grattée ainsi que le sel. Mélange les deux préparations et ajoute la betterave râpée. Mélange de nouveau énergiquement.
6. Verse la pâte dans le moule et enfourne pour 25 à 30 minutes. Laisse refroidir le gâteau complètement avant de le démouler.
7. Tu peux ajouter un glaçage comme celui du carrot cake (page 134) pour plus de gourmandise !

LES GOSSES ÉTANT LES SPÉCIALISTES DU CASSAGE D'ŒUFS… JE VAIS D'ABORD PRENDRE SOIN DE RETIRER TOUS LES ÉCLATS DE COQUILLE TOMBÉS DANS LE SALADIER…

ATTENTION À NE PAS METTRE UN COUP DE COUDE AUX ENFANTS, SINON TU PEUX TE LE GARDER, LE GÂTEAU ROSE À LA BETTERAVE ! IL FAIT TROP BOBO !

Zoom nutrition

La **betterave** est une excellente source de bêta-carotène : la vitamine A qui donne bonne mine. Une très bonne raison de ne pas la manger qu'en entrée !

Tu peux proposer ce gâteau à ton bébé à partir de 1 an en adaptant la taille des morceaux et la texture à ses capacités de mastication.

Biscuits à la noisette

Pour 15 à 20 biscuits • Préparation : 20 min • Cuisson : 15 min

Y A QUAND MÊME SOUVENT DES BOUDINS DANS TES RECETTES ! Y A PAS DE MESSAGE CACHÉ LÀ-DESSOUS, CÉLINE ? T'AS VRAIMENT RIEN À ME DIRE ? ÇA DEVIENT GÊNANT...

280 g de farine

240 g de beurre

180 g de poudre de noisettes

70 g de sucre de canne

1. Préchauffe ton four à 180 °C (th. 6).
2. Mélange tous les ingrédients.
3. Lorsque la pâte est homogène, forme des boudins d'environ 4 centimètres de diamètre. Coupe-les en tronçons de 4 centimètres de long.
4. Roule chaque morceau de pâte entre tes mains pour obtenir des boules. Termine en faisant un trou avec les doigts.
5. Dépose les boules sur une plaque chemisée de papier sulfurisé. La pâte ne s'étale quasiment pas à la cuisson, tu peux laisser un espace assez réduit entre les biscuits.
6. Aplatis-les légèrement avec la main et enfourne le tout pour 15 minutes environ.
7. Laisse-les totalement refroidir avant de les manipuler.

TU VEUX DIRE COMME UN PUITS ?

LES MINI-CHEFS

Propose-leur de façonner les petites boules de pâte.

Zoom nutrition

Comme tous les fruits à coque, **la noisette** est un super aliment santé qui apporte vitamine B_6 et D, cuivre, zinc et fer !

Tu peux proposer ces biscuits à ton bébé à partir de 1 an en adaptant la taille des morceaux et la texture à ses capacités de mastication.

Energy balls

Pour 10 à 15 boules • Préparation : 15 min

Des *energy balls* ? T'es sûre ? Parce qu'ils n'en manquent pas, dans la famille ! C'est eux, les boules d'énergie !

30 dattes

10 g de poudre de noisettes

90 g de flocons d'avoine

1 trait d'huile de pépins de raisin

40 g de noix de coco râpée

1. Hache finement les dattes dénoyautées au mixeur et mélange-les avec les autres ingrédients et la moitié de la noix de coco.
2. Forme des boules de pâte de la taille d'une balle de golf.
3. Dépose-les sur une plaque chemisée de papier sulfurisé et roule-les dans le reste de la noix de coco râpée pour éviter qu'elles collent.
4. Réserve-les dans une boîte hermétique.

Simple et efficace ! Bien joué, Céline, finalement ça nous en demande pas trop, à nous, de l'énergie ! J'adore !

L'astuce de la cheffe

Perso, je recommande de faire cette recette avec de la poudre d'amandes ou de pistaches : un pur délice !

Tu peux proposer ces *energy balls* à ton bébé à partir de 1 an en adaptant la taille des morceaux et la texture à ses capacités de mastication.

Index des ingrédients

A

B

C

D

E

F

G

H

J

L

M

N

O

P

QR

S

T

V

Y

Remerciements

On y est ! C'est le moment des remerciements et j'ai toujours l'impression d'être aux Grammy Awards, sauf que moi, je ne commence pas par remercier ma mère. Non, je commence par remercier mon grand-père décédé au cours de l'écriture de ce livre. Merci « Avô », l'amour véritable ne meurt jamais : « *saudade* ».

Merci à Romain Henry, qui m'accompagne dans tous mes projets littéraires, quand je manque d'inspiration. Lui, c'est mon « coup de fil à un ami ». Merci à Julien, mon mari, mon pilier. Un jour, j'ai lu la phrase suivante : « Tomber amoureux ne suffit pas, la question c'est : est-ce que cette personne me rend meilleure ? » et tu me rends meilleure tous les jours. Merci à mes enfants qui remplissent mon réservoir d'essence aussi vite qu'ils le vident. Merci à Léa et Céline, vous êtes un binôme sans faille, un vrai, sans qui ce livre n'aurait jamais existé.

Et puis merci à vous surtout, ce livre existe parce que vous êtes d'un soutien infaillible depuis la sortie de mon premier livre *Être mère, c'est que du bonheur... ou pas !*

Et finalement, merci à Mamy. Tu ne m'as pas portée dans ton ventre, mais tu me portes un peu tous les jours sans même t'en rendre compte. MERCI !

Daniela

« Je dédie ce livre à mes grands-parents, mamie Rose et papi Rolland qui nous ont quittés cette année mais qui veillent sur nous et nous protègent.

Mais je veux aussi le dédier à ceux qui sont encore là et qui vont vivre avec nous la sortie de cet ouvrage : mamie Claude et papi Doune, que j'aime tendrement…

Pour commencer, je veux remercier ma co-auteure pour sa bienveillance, sa gentillesse et ses idées farfelues ! Merci à toi Daniela, et merci à toi, Léa, d'avoir veillé sur nous comme tu l'as fait…

Puis je veux remercier ma complice, celle qui m'accompagne depuis de nombreuses années et qui ne m'a jamais lâchée ! Plus qu'une co-auteure, plus qu'une collaboratrice, une amie fidèle, Anne-Charlotte Garet, connue sous le pseudo @astucedediet, qui m'accompagne dans cette nouvelle aventure, une fois de plus !

Je tiens à remercier mes enfants Anna et Leny. Ils sont mes moteurs et me permettent de me dépasser, afin de devenir meilleure de jour en jour.

Je remercie aussi ma famille, mes ami(e)s, et ceux qui m'ont supportée pendant l'écriture de ce livre, ce qui n'a pas été une chose facile !

Je remercie mes collaborateurs et mes ami(e)s chef(fe)s, qu'ils soient cuisinier(e)s, pâtissier(e)s et/ou meilleur(e)s ouvrier(e)s de France pour leur participation et leur générosité !

Aussi, je vous remercie VOUS, le moment du repas est un moment important pour les familles et nous espérons pouvoir vous accompagner au mieux pour dédramatiser la préparation et la dégustation !

Enfin, je tiens à remercier ma maison d'édition, Solar, pour sa confiance. Merci à Lama, Stéphanie et toutes les personnes qui ont contribué à ce que cet ouvrage voie le jour.

Céline

Direction : Didier Férat
Direction éditoriale : Lama Younès-Corm
Édition : Stéphanie Taro
Relecture technique : Anne-Charlotte Garet
Correction : Marie Minuit

Photographies et stylisme : Isabelle Kanako

Création de couverture et maquette intérieure : Marina Delranc
Mise en pages : Nord Compo
Fabrication : Laurence Duboscq
Illustrations : © Shutterstock

ISBN : 978-2-263-18663-9
Code éditeur : L18663/01
Dépôt légal : septembre 2024
Imprimé en France par Pollina en août 2024

Solar, un département d'édi8
92, avenue de France
75013 Paris
serviceclients@lisez.com